Chinese Conversations For Intermediate

Effective Mandarin Learning with
Authentic Conversational Chinese Dialogues

Chinese Short Stories

Bilingual book
Chinese • Pinyin • English

LingLing

www.linglingmandarin.com

All characters and the stories told through their experiences in this book are fictitious; although many of the stories have been influenced by real events the characters themselves are wholly imaginary. The stories and conversations are intentionally set in different contexts for the benefit of learners to practice with a variety of conversations. Any views expressed by the characters in this book do not represent that of the author or LingLing Mandarin.

A number of real world organisations and institutions are referenced in the book for educational purposes only and the author has no direct affiliation or association with those organisations. All product and company names are trademarks or registered trademarks of their respective holders. Use of them does not imply any affiliation with or endorsement by them.

Copyright © 2023 Ling He (LingLing Mandarin)

All rights reserved. Ling He (LingLing Mandarin) owns copyright of all written content of the book. No part of this book including audio material may be reproduced or used in any manner without written permission of the copyright owner. For more information, contact:

enquiries@linglingmandarin.com

FIRST EDITION

Editing by Xinrong Huo
Cover design by Ling Ling

ISBN 9798787217193

www.linglingmandarin.com

Acknowledgements

I would like to express my sincere thanks to my Chinese friends and colleagues Hailing Hua, Cathay Zhou, Dongjie Li who collaborated with me to complete the Chinese audio of this book.

Special thanks go to my husband Phil, who motivated my creation and assisted with the editing and proofreading of the book.

My gratitude also goes to my wonderful students who study Mandarin with me – you have inspired my writing and had given me valuable feedback to complete this book. Your support is deeply appreciated!

Access FREE Audio!

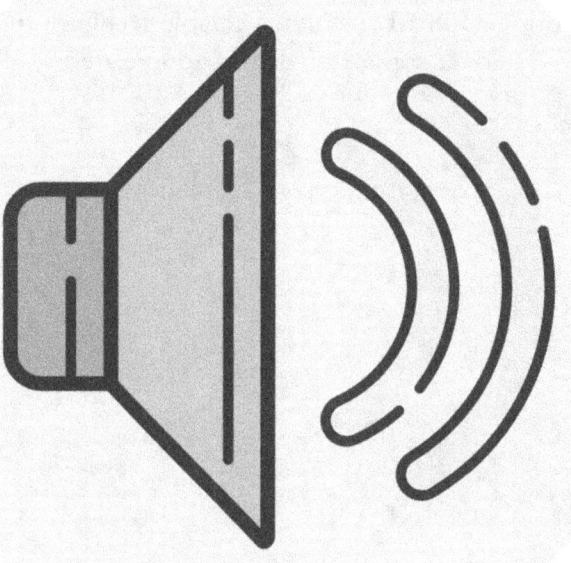

Check the "Access Audio" chapter
for full instructions.
(See Table of Contents)

TABLE OF CONTENTS

Introduction		1
How to Master Mandarin		4
Character Introductions		6
别 做 白 日 梦 bié zuò bái rì mèng	Stop Daydreaming	9
疯 狂 的 吃 货 fēng kuáng de chī huò	Crazy Foodie	14
别 紧 张 bié jǐn zhāng	Don't Be Nervous	18
我 迷 路 了 wǒ mí lù le	I Am Lost	23
工 作 第 一 天 gōng zuò dì yī tiān	First Day at Work	28
他 帅 呆 了 tā shuài dāi le	He is Shockingly Handsome	33
真 是 购 物 狂 zhēn shì gòu wù kuáng	What a Shopaholic	37
我 的 魔 鬼 邻 居 wǒ de mó guǐ lín jū	My Nightmare Neighbor	43
出 差 去 香 港 chū chāi qù xiāng gǎng	Business Trip to Hong Kong	48
端 午 节 快 乐 duān wǔ jié kuài lè	Happy Dragon Boat Festival	52
没 面 子 méi miàn zi	Losing Face	57
兵 马 俑 的 故 事 bīng mǎ yǒng de gù shi	Terracotta Warriors Story	62
爱 上 成 都 ài shàng chéng dū	In Love with Chengdu	67
火 锅 狂 魔 huǒ guō kuáng mó	The Hot Pot Demon	73
别 买 绿 帽 子 bié mǎi lǜ mào zi	Don't Buy a Green Hat	79
抖 音 太 火 了 dǒu yīn tài huǒ le	The Hot TikTok	85
我 的 网 络 恋 人 wǒ de wǎng luò liàn rén	My E-Lover	89
大 龄 剩 女 dà líng shèng nǚ	The Older Leftover Woman	95
中 秋 节 快 乐 zhōng qiū jié kuài lè	Happy Mid-Autumn Festival	101

我 不 是 单 身 狗 wǒ bú shì dān shēn gǒu	I Am Not a Single Dog	105
上 海 迪 士 尼 shàng hǎi dí shì ní	Shanghai Disneyland	111
我 不 是 骗 子 wǒ bú shì piàn zi	I Am Not a Liar	115
那 是 什 么 鬼 nà shì shén me guǐ	What the Hell is That	120
高 富 帅 gāo fù shuài	A Good-looking Rich Guy	126
相 亲 后 的 第 一 次 约 会 xiāng qīn hòu de dì yī cì yuē huì	The First Date After the Blind Date	131
我 长 胖 了 wǒ zhǎng pàng le	I Am Getting Fat	137
我 的 疯 狂 表 弟 wǒ de fēng kuáng biǎo dì	My Crazy Cousin	141
天 高 的 房 价 tiān gāo de fáng jià	The Sky-high House Prices	146
我 不 是 妈 宝 男 wǒ bú shì mā bǎo nán	I Am Not a Mummy's Boy	151
铁 娘 子 tiě niáng zi	The Iron Lady	157
千 真 万 确 qiān zhēn wàn què	Absolutely True	162
失 败 是 成 功 之 母 shī bài shì chéng gōng zhī mǔ	Failure is the Mother of Success	166
十 二 生 肖 shí èr shēng xiào	The Twelve Zodiac Signs	172
圣 诞 节 的 神 秘 礼 物 shèng dàn jié de shén mì lǐ wù	A Mysterious Christmas Gift	178
哭 笑 不 得 kū xiào bù dé	Utterly Dumbfounded	184
把 胡 子 刮 了 bǎ hú zi guā le	Shave the Beard	189
你 要 淡 定 nǐ yào dàn dìng	You Must Calm Down	194
我 不 是 笨 蛋 wǒ bú shì bèn dàn	I Am Not an Idiot	198
自 欺 欺 人 zì qī qī rén	Deceiving Oneself and Others	203
礼 尚 往 来 lǐ shàng wǎng lái	The Rule of Reciprocity	208
我 不 想 变 成 工 作 狂 wǒ bù xiǎng biàn chéng gōng zuò kuáng	I Don't Want to Become a Workaholic	212
拒 绝 花 花 公 子 jù jué huā huā gōng zǐ	Refuse the Playboy	218
刀 子 嘴 , 豆 腐 心 dāo zi zuǐ dòu fu xīn	A Sharp Tongue, But with Good Heart	222

Chinese	Pinyin	English	Page
搞好关系	gǎo hǎo guān xi	Build a Good Relationship	228
敬酒不吃吃罚酒	jìng jiǔ bù chī chī fá jiǔ	Refuse a Toast Only to Drink a Forfeit	233
故事大王	gù shi dà wáng	The Great Storyteller	239
暴发户	bào fā hù	The Overnight Millionaire	244
"送钟"还是"送终"	sòng zhōng hái shì sòng zhōng	Sending the Bell or Sending the Curse	249
别放鸽子	bié fàng gē zi	Remember to Show Up	254
她走火入魔了	tā zǒu huǒ rù mó le	She's Gone Mad	258
自食恶果	zì shí è guǒ	Eat One's Own Bitter Fruit	264
智商和情商	zhì shāng hé qíng shāng	IQ and EQ	268
新春快乐	xīn chūn kuài lè	Happy Chinese New Year	273
我的大佬客户	wǒ de dà lǎo kè hù	My Crazy Rich Client	279
入乡随俗	rù xiāng suí sú	Do As the Locals Do	284
赔了夫人又折兵	péi le fū ren yòu zhé bīng	What a Double Loss	288
自找苦吃	zì zhǎo kǔ chī	Asking for One's Own Hardship	293
《孙子兵法》	sūn zǐ bīng fǎ	The "Art of War"	297
开心果	kāi xīn guǒ	Happy Fruit	303
有志者，事竟成	yǒu zhì zhě, shì jìng chéng	Nothing is Impossible to a Willing Heart	309

Access Audio	315
Chinese Conversations Series	316
More Books by LingLing	317
About the Author	318

Introduction

About the Book

Whether you have been following the experiences of Jamie and his friends through **Chinese Conversations for Beginners** or you're joining us now for these stories and conversations for intermediate learners, welcome and congratulations for making it this far! You are on the way to becoming an effective Mandarin speaker, and this book, **Chinese Conversations for Intermediate**, will help you achieve just that!

China has changed a lot in recent years, with its daily life and spoken language becoming ever more dynamic, yet many existing books on the market are impractical and out-of-date. Unlike such limitations, this book presents you with a fresh shortcut to level up your spoken Chinese with the most up-to-date phrases, and lively and authentic language used by natives. It also provides insights into daily life in modern China, of which technology plays an integral part. Popular apps such as WeChat shape so much of the modern Chinese experience, from communication to paying for groceries and almost everything in-between, all from a single app. There are many more hugely popular and persavive apps of course, you may even have heard of one or two already. But of course, the book does not forget to share important Chinese traditions and cultural knowledge. All of these insights will enrich your learning experience and help you have better, more engaging, and more entertaining conversations in Chinese!

The book contains 60 expanded dialogues, covering contemporary hot topics, lifestyle, Chinese culture and traditions, and funny stories to make you laugh, learn, and remember!

You will expand not only your daily vocabulary but also learn fun, useful, and amusing Chinese slang and witty idiomatic phrases to make you stand out from the crowd and impress your Chinese friends. You will be immersed in authentic Chinese spoken language, including friendly conversations, business exchanges, romantic engagements, and humorous anecdotes and jokes. You will also learn deeply about modern and traditional Chinese festivals such as Chinese Single's day, Chinese New Year, Moon Festival, and more.

How the Book Will Help You

The book is designed to encourage you first to read and listen to the conversations in Chinese. But keywords and definitions, and complete English translations of the conversations are also provided—so if you ever get stuck, you have everything you need to learn and progress. The more you read, listen, speak, and think in the language, the more fluent you will become!

The audio for the Chinese conversations, available freely, is recorded by native Chinese speakers. All the conversations are based in modern China, following consistent storylines and covering various topics, including travel, hobbies, family, daily life, relationships, work and business, Chinese traditions, even culture shock.

Each conversation is a fun story; some are slightly crazy, many injected with a little bit of humor, all to provide an enjoyable learning experience and enhance your immersion. They are all set in the real world, and some are even taken from direct experience. So, be prepared to enjoy, have fun, laugh, and learn.

Each conversation follows:

- Chinese dialogue text—with Pinyin romanization below
- Key words and phrases highlighted in Chinese and English
- Learning tips and "Culture Corner" to enhance your understanding.
- Key vocabulary list to help you to learn and review
- English translation of the dialogue

You will find that the English translation has been tailored in some cases to retain important definitions of keywords. In other cases, it is more paraphrased to convey the overall meaning and intent more clearly.

Level Up Your Learning with Companion Books

To boost your Chinese vocabulary and grammar, I highly recommend my book series, **"Learn Chinese Vocabulary for Intermediate (NEW HSK 4-6)."** This series will help you master over 3,000 words in context, as well as all the key Chinese grammar and sentence structures at the intermediate level.

If you are interested in Chinese history, culture, legends, and folktales, consider delving into my book, **"Chinese Stories for Language Learners: Intermediate."** Specifically designed for language learners, it provides an engaging way to enhance your language skills while immersing yourself in captivating Chinese cultural narratives.

When you are ready, be sure to check out my new release, **Chinese Conversations for Advanced**, the exciting final instalment of the **Chinese Conversations series**! It continues the storyline from this intermediate volume and presents a fresh, carefully curated collection of authentic Mandarin dialogues, covering themes such as love, relationships, careers, business, social media, technology, and the growing influence of artificial intelligence in everyday life.

AVAILABLE NOW
https://linglingmandarin.com/books

Through this book, you'll build greater fluency and gain deeper cultural insight, helping you communicate with confidence and sound more natural and nuanced in Chinese.

The advanced volume features an upgraded, self-study-friendly format, including both a bilingual Chinese–English version with pinyin and a Chinese-only version for self-assessment. You may even find it more accessible than this intermediate volume.

Speaking Chinese is often the easiest skill to develop compared to reading, writing, or listening, as it's based on everyday language you're already familiar with. So be ready to jump in, it's easier than you think!

Free Audio

Great news for you – the audio for the book is a FREE gift to you, dearest readers who purchase this book. Please take a look at the instructions in the "Access Audio" chapter for how to access it! The audio includes all 60 Chinese conversations spoken by natives.

Learn Chinese with a New Vision

Chinese is one of the most varied, dynamic, and artistic languages and has developed over 3500 years. It is one of the most spoken languages in the world, and mastering it opens doors to new opportunities in life, travel, business, and personal development.

Studying Chinese is not just about learning a new language but also exploring a different way of thinking, experiencing new perspectives, understanding a rich culture developed over thousands of years, and finding peace and balance in a life-long beneficial journey.

How to Master Mandarin: Tips from LingLing

Become an Effective Learner

In Chinese, we have a well-known idiom 事半功倍 (shì bàn gōng bèi) (get twice the result with half the effort). You can cut short a long process with an effective learning method. It may seem obvious, the best way to learn Chinese is to use it as often as possible. Like any skill, the more you practice, the more it will become second nature, like muscle memory.

Make the most of each dialogue in the book by paying attention to the language flow and keep **reading it aloud** until you can read it naturally and fluently - even imagining yourself in the situation and acting it out. Use the accompanying audio to help by imitating the accent and expression of the people in the audio. I suggest you follow this process:

1. **Read** the dialogue with the help of pinyin, the key vocabulary list, and English translation if you need to, to help you understand. Learn and master the new words and phrases in the relevant context.
2. **Listen** to the audio while following the text to pick up the correct pronunciation - pause and rewind if necessary.
3. **Practice** reading the text aloud until you can read the entire dialogue fluently. Pay attention to transitional words and phrases to master the authentic language flow.
4. **Test** yourself by heading to the Chinese version of the dialogue and reading it without the help of Pinyin (cover it with a bookmark, for example). Mastering the Chinese on its own is the key to level up.
5. **Listen again** to the audio. Test yourself by listening to it without the help of the text. If you miss some parts, go back to check with the text. Keep practicing until you can comprehend the audio alone.

Review and Practice

Repetition is the mother of learning! Make sure you go back to each dialogue and review the vocabularies frequently, and find a language partner to practice and rehearse the conversations through role-playing. The more you review and practice, the better your Mandarin will be!

Be Your Own Creator

You become a true master through creation and application! Apply the vocabularies, phrases, and sentence patterns you learned from each dialogue to your own conversations, whether in real-life practice or imaginary scenarios. Remember - the ultimate goal of learning Mandarin is to effectively communicate and understand the language in your own experiences. You can only achieve this by applying what you have learned in practice!

Learn from Real Life

Learn from real life by immersing yourself in a wide range of Chinese TV, films, talk shows, and learning programs you can easily access on the internet. And of course, go to China if you can, at least to travel. Your Chinese language and cultural knowledge will thrive more in real-life experiences!

Believe in Yourself

Believe in yourself and have confidence! Never be afraid of making mistakes. In real life, even advanced learners and native speakers make mistakes! Plus, mistakes only make us grow quicker! So, never let mistakes put you off. Instead, be bold, embrace and learn from mistakes!

Set Goals and Stay Committed

Having a committed learning attitude and setting goals from small to big will lead you to great achievements in your Chinese learning journey. So stay committed and never give up! Just like this Chinese idiom:

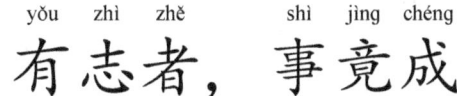

Nothing is Impossible to a Willing Heart

Character Introductions

JAMIE

杰 明
jié míng

BRITISH

Jamie is a British man living in Shanghai, China. He has recently finished studying in China and now is starting a new job in the city.

We will follow Jamie as he embarks on the next stage of his exciting journey; encountering new people, new things, and new experiences in his everyday life in Shanghai but also in his travels across China.

苏 飞
sū fēi

CHINESE

Sū Fēi is a Shanghai native, living and working in the city. She is confident, outgoing, and loves to travel and share the experience and the culture of her homeland with Jamie, who is now also her boyfriend.

lǐ lì

Chinese

Lǐ Lì is a friend of Jamie and Sū Fēi. She can be quite particular but has a sense of humour. Her dog "Fatty" travels almost everywhere with her.

She met Jamie through a chance encounter in a coffee shop when Jamie was a new Chinese learner and trying to practice his spoken Chinese.

DAVID KING

王 大 伟

wáng dà wěi

American

David was born in the USA to a Chinese mother and American father. He is a colleague of Jamie. There's rarely a dull moment with David, every part of his life has a story to tell. He is easy-going and open-minded; although some times this lands him in awkward situations.

zhāng yún

Chinese

Zhāng Yún is hardworking and professional, but also thoughtful and helpful. She is also Jamie's colleague.

1 别做白日梦
bié zuò bái rì mèng
STOP DAYDREAMING

苏飞：现在几点了？
　　　xiàn zài jǐ diǎn le

杰明：我看看，**差不多** 10:30。
　　　wǒ kàn kan chà bu duō

苏飞：这么说，我们已经等了快半个小时了！
　　　zhè me shuō wǒ men yǐ jīng děng le kuài bàn gè xiǎo shí le

杰明：对啊！刚才**广播**说这趟飞机会**晚点**。怎么？你没
　　　duì a gāng cái guǎng bō shuō zhè tàng fēi jī huì wǎn diǎn zěn me nǐ méi
　　　有**耐心**了吗？
　　　yǒu nài xīn le ma

苏飞：早就没耐心了！在这里坐着，**一边**等飞机，**一边**玩
　　　zǎo jiù méi nài xīn le zài zhè lǐ zuò zhe yì biān děng fēi jī yì biān wán
　　　手机，真是**无聊**！
　　　shǒu jī zhēn shì wú liáo

5 分钟后 ...
　fēn zhōng hòu

杰明：你看，开始**登机**了！快拿好**行李箱**，我们去排队吧。
　　　nǐ kàn kāi shǐ dēng jī le kuài ná hǎo xíng lǐ xiāng wǒ men qù pái duì ba

苏飞：太好了！对了，我的**登机牌**在哪儿？
　　　tài hǎo le duì le wǒ de dēng jī pái zài nǎ ér

杰明：别担心，在我的包里。
　　　bié dān xīn zài wǒ de bāo lǐ

苏飞：好多人啊！我觉得这趟**航班**会有点**挤**。

杰明：今天是星期六，当然很挤！只是，如果我们的飞机票是**商务舱**，或者**头等舱**，该有多好啊！

苏飞：别做**白日梦**了！商务舱和头等舱是**有钱人**坐的，我们就好好坐**经济舱**吧。

杰明：白日梦是**暂时的**！因为，我相信，将来我们**一定**会有钱坐**商务舱**和头等舱！

苏飞：好的，那你就努力**挣钱**吧！把白日梦变成**现实**！

杰明：当然！

苏飞：唉，我真**后悔**没有**托运**这个行李箱。

杰明：为什么？

苏飞：我担心飞机上行李架的**空间**不够大。

杰明：这是一架大飞机，我觉得不会有问题，你别**担心**。

苏飞：对了，你看看，我们的**座位**在哪里？

杰明：我的座位号是58A，靠**窗户**；你的座位号是58C，**靠走廊**。

苏飞：**真倒霉**！我最**讨厌**靠走廊的座位。你**介意**跟我换一下吗？

杰明：当然不介意！你想坐哪里就坐哪里。

苏飞：**果然**是英国**绅士**！多谢！

杰明：哪里哪里！**其实**，我更喜欢坐靠走廊的座位，因为我的腿长,可以**伸**腿。
wǒ de tuǐ cháng kě yǐ shēn tuǐ

苏飞：**反正**我没有你的"蜘蛛长腿",我只想坐在窗
fǎn zhèng wǒ méi yǒu nǐ de zhī zhū cháng tuǐ wǒ zhǐ xiǎng zuò zài chuāng
边看风景。
biān kàn fēng jǐng

Key Vocabulary

登机 dēng jī	v.	to board	行李箱 xíng lǐ xiāng	n.	suitcase
登机牌 dēng jī pái	n.	boarding pass	航班 háng bān	n.	flight
商务舱 shāng wù cāng	n.	business class	头等舱 tóu děng cāng	n.	first class
经济舱 jīng jì cāng	n.	economy class	暂时 zàn shí	n.	temporary
挣钱 zhèng qián	v.	to make money	现实 xiàn shí	n.	reality
空间 kōng jiān	n.	space	座位 zuò wèi	n.	seat
窗户 chuāng hu	n.	window	托运 tuō yùn	v.	to check-in (luggage)
倒霉 dǎo méi	adj.	bad luck	介意 jiè yì	v.	to mind
伸 shēn	v.	to stretch	风景 fēng jǐng	n.	scenery
绅士 shēn shì	n.	gentleman	反正 fǎn zhèng	adv.	anyway
相信 xiāng xìn	v.	to believe	果然 guǒ rán	adv.	indeed

Learning Tip

bái rì mèng
白日梦 literally means "white day dream." It is a slang phrase used to describe things that are not easily achievable, similar to the use of "daydreaming" in English.

English Version

Su Fei: What's the time now?

Jamie: Let me see, it's **almost** 10:30.

Su Fei: So, we have been waiting for almost half an hour!

Jamie: Indeed! Earlier the **announcement** mentioned this **flight** would be **late**. Are you losing your **patience**?

Su Fei: I've run out of patience long ago! Sitting here waiting for the plane **while** playing on the phone, it's really **boring**!

5 minutes later…

Jamie: Hey, look, **boarding** started! Quickly take the **suitcase**, let's join the queue.

Su Fei: Great! By the way, where is my **boarding pass**?

Jamie: Don't worry, it's in my bag.

Su Fei: So many people! I think this flight will be a bit **crowded**.

Jamie: Today is Saturday, of course it is! It's just… if our flight tickets were for **business class** or **first class**, how great it would be!

Su Fei: Stop **daydreaming**! Business class and first class are for **the rich**, let's be content with **economy class**.

Jamie: Daydreaming is **temporary**! Because I believe that in the future we will **defintely** have money to fly in **business class** and first class!

Su Fei: Okay, then you can work hard to **make money**! Turn daydreaming into **reality**!

Jamie: Of course!

Su Fei: Oh, I really **regret** not **checking in** this suitcase.

Jamie: Why?

Su Fei: I am worried there is not enough **space** in the overhead locker of the plane.

Jamie: This is a big plane. I don't think there will be a problem. Don't **worry**.

Su Fei: By the way, have a look, where are our **seats**?

Jamie: My seat number is 58A, by the **window**; your seat number is 58C, by the **aisle**.

Su Fei: What bad luck! I **dislike** the aisle seat the most. Do you **mind** changing with me?

Jamie: Of course not! You can sit wherever you want.

Su Fei: **Indeed** an English **gentleman**! Many thanks!

Jamie: Thanks for the compliment! **In fact**, I prefer to sit by the aisle, because my legs are long and I can **stretch** them.

Su Fei: I don't have your "spider long legs" **anyway**, I just want to sit by the window to enjoy the **scenery**.

2 疯狂的吃货
fēng kuáng de chī huò
CRAZY FOODIE

苏飞：丽丽,**好久不见**！
　　　lì lì　hǎo jiǔ bú jiàn

李丽：好久不见！还好吗？
　　　hǎo jiǔ bú jiàn　hái hǎo ma

苏飞：**挺好的**,你呢？
　　　tǐng hǎo de　nǐ ne

李丽：还算**顺利**,只是,最近**办公室**里有个同事太**讨厌**
　　　hái suàn shùn lì　zhǐ shì　zuì jìn bàn gōng shì lǐ yǒu gè tóng shì tài tǎo yàn
　　　了,让我有点儿不高兴！
　　　le　ràng wǒ yǒu diǎn ér bù gāo xìng

苏飞：**发生**什么了？
　　　fā shēng shén me le

李丽：几天前,有个同事偷吃我的**方便面**,被我发现了。
　　　jǐ tiān qián　yǒu gè tóng shì tōu chī wǒ de fāng biàn miàn　bèi wǒ fā xiàn le

苏飞：啊？这也太**丢脸**了吧！
　　　ā　zhè yě tài diū liǎn le ba

李丽：没错！而且这已经是第二次了！
　　　méi cuò　ér qiě zhè yǐ jīng shì dì èr cì le

苏飞：他想吃方便面,**为什么**不自己去买？**干嘛**要偷吃
　　　tā xiǎng chī fāng biàn miàn　wèi shén me bú zì jǐ qù mǎi　gàn má yào tōu chī
　　　你的？
　　　nǐ de

李丽：他特别**懒**,肚子大大的,是个**吃货**！他不仅偷吃我
　　　tā tè bié lǎn　dù zi dà dà de　shì gè chī huò　tā bù jǐn tōu chī wǒ

的东西，还偷吃**其他**同事的。
de dōng xi hái tōu chī qí tā tóng shì de

苏飞：**天啊**！简直是一个**疯狂**的吃货！你们怎么**受得了**？
tiān a jiǎn zhí shì yí gè fēng kuáng de chī huò nǐ men zěn me shòu de liǎo

李丽：没办法，我们管不了他。
méi bàn fǎ wǒ men guǎn bù liǎo tā

苏飞：为什么？
wèi shén me

李丽：他是我们**经理**的表哥，有**关系**，我们都不敢**招惹**。
tā shì wǒ men jīng lǐ de biǎo gē yǒu guān xi wǒ men dōu bù gǎn zhāo rě

苏飞：只是，真的没有什么办法可以**阻止**他吗？
zhǐ shì zhēn de méi yǒu shén me bàn fǎ kě yǐ zǔ zhǐ tā ma

李丽：唔，现在，我跟同事们已经开始不在办公室放**零食**了。
wú xiàn zài wǒ men gēn tóng shì men yǐ jīng kāi shǐ bú zài bàn gōng shì fàng líng shí le

苏飞：看来，这是**唯一**的办法！
kàn lái zhè shì wéi yī de bàn fǎ

李丽：**其实**，他这个人也不算太坏，有时候他**心情**好，还会请我们吃饭。可是，他不经过我们的**同意**就乱吃我们的东西，**确实**非常讨厌！
qí shí tā zhè gè rén yě bú suàn tài huài yǒu shí hòu tā xīn qíng hǎo hái huì qǐng wǒ men chī fàn kě shì tā bù jīng guò wǒ men de tóng yì jiù luàn chī wǒ men de dōng xi què shí fēi cháng tǎo yàn

苏飞：唉！爱吃不是错，乱吃才是错！
āi ài chī bú shì cuò luàn chī cái shì cuò

李丽：**完全**同意！
wán quán tóng yì

苏飞：就像我，虽然我也是吃货，可是**从来不**会乱吃别人的东西！
jiù xiàng wǒ suī rán wǒ yě shì chī huò kě shì cóng lái bù huì luàn chī bié rén de dōng xi

Learning Tip

chī huò
吃 货 literally means "eat goods." It is slang used to describe somebody who loves to eat, similar to the English term "foodie."

Key Vocabulary

好久不见 hǎo jiǔ bú jiàn		long time no see	讨厌 tǎo yàn	adj.	annoying
顺利 shùn lì	adj.	all right; fine; smooth	发生 fā shēng	v.	to happen; occur
方便面 fāng biàn miàn	n.	instant noodles	丢脸 diū liǎn	adj.	shameful
干嘛 gàn má		why; how	懒 lǎn	adj.	lazy
疯狂 fēng kuáng	adj.	crazy	关系 guān xi	n.	connection
经理 jīng lǐ	n.	manager	其他 qí tā	pro.	other
招惹 zhāo rě	v.	to provoke	阻止 zǔ zhǐ	v.	to stop; to prevent
零食 líng shí	n.	snacks	唯一 wéi yī	adj.	only
其实 qí shí	adv.	actually	心情 xīn qíng	n.	mood
完全 wán quán	adv.	completely	从来不 cóng lái bù	adv.	never
表哥 biǎo gē	n.	older male cousin	不算 bú suàn	v.	not really; doesn't count as

Culture Corner

Chinese society is a relational society where "connections" play a big role in personal life and business. Just like in this story, the annoying foodie who is related to senior figures in the company holds a special status above other colleagues. Hence other colleagues are not forthcoming in complaining about him.

English Version

Su Fei: Lili, **long time no see**!

Li Li: Long time no see! How are you?

Su Fei: Quite well, how about you?

Li Li: Pretty **fine**. It's just that recently a colleague in the **office** is too **annoying** and makes me a bit unhappy!

Su Fei: What **happened**?

Li Li: A few days ago, I discovered a colleague stealing and eating my **instant noodles**.

Su Fei: Huh? This is too **shameful**!

Li Li: Indeed! And this is already the second time!

Su Fei: If he wants to eat instant noodles, **why** didn't he buy it himself? **How could** he steal yours?

Li Li: He is very **lazy** and has a big belly, a **foodie**! He not only ate my snacks, but also ate **other** colleagues'.

Su Fei: Oh my god! What a **crazy** foodie! How could you **bear** him?

Li Li: There is nothing we can do, we can't deal with him.

Su Fei: Why?

Li Li: He has "**connections**" in the company because he is our **manager**'s cousin. We dare not to **provoke** him.

Su Fei: But, is there really no way to **stop** him?

Li Li: Well, now my colleagues and I have started not putting **snacks** in the office.

Su Fei: It seems this is the **only** way!

Li Li: Actually, he is not always too bad. Sometimes when he is in a good **mood**, he would treat us to dinner. However, he tries to eat our snacks without our **consent**, which is **indeed** very annoying!

Su Fei: Ugh! Eating is not wrong, eating indiscriminately is!

Li Li: Totally agree!

Su Fei: Just like me, although I am also a foodie, I **never** eat other people's snacks without their consent.

3 别 紧 张
bié jǐn zhāng
Don't Be Nervous

杰明：你好！陈女士。
　　　nǐ hǎo chén nǚ shì

陈红：你好！杰明。请坐。
　　　nǐ hǎo jié míng qǐng zuò

杰明：谢谢！
　　　xiè xie

陈红：今天**感觉**怎么样？
　　　jīn tiān gǎn jué zěn me yàng

杰明：感觉非常好，就是有点**紧张**。
　　　gǎn jué fēi cháng hǎo jiù shì yǒu diǎn jǐn zhāng

陈红：别紧张！这个**面试**只是为了让我们多**了解**你。
　　　bié jǐn zhāng zhè gè miàn shì zhǐ shì wèi le ràng wǒ men duō liǎo jiě nǐ

杰明：谢谢！我现在觉得**放松**了很多。
　　　xiè xie wǒ xiàn zài jué de fàng sōng le hěn duō

陈红：你可以先做一个简单的**自我介绍**吗？
　　　nǐ kě yǐ xiān zuò yí gè jiǎn dān de zì wǒ jiè shào ma

杰明：可以。我叫杰明，是英国人。我以前在**伦敦经济**
　　　kě yǐ wǒ jiào jié míng shì yīng guó rén wǒ yǐ qián zài lún dūn jīng jì
　　　政治学院读**本科**，专业是经济学。**毕业**以后，我
　　　zhèng zhì xué yuàn dú běn kē zhuān yè shì jīng jì xué bì yè yǐ hòu wǒ
　　　在**伦敦**的一家**金融**公司工作了三年。我非常喜
　　　zài lún dūn de yì jiā jīn róng gōng sī gōng zuò le sān nián wǒ fēi cháng xǐ
　　　欢中国文化，来中国以前，就已经学了几年的
　　　huān zhōng guó wén huà lái zhōng guó yǐ qián jiù yǐ jīng xué le jǐ nián de

中文,去年九月份到上海,在大学里又学习了半年。我打算**长期**在中国工作和生活。

陈红:谢谢!你的中文说得很好!

杰明:**过奖过奖**。

陈红:请问,你听说过我们公司吗?

杰明:听说过,我还知道公司的**总部**在**纽约**,在全世界也有很多**分公司**。

陈红:我们在中国的分公司在哪些城市?

杰明:在上海、北京、香港,和成都。

陈红:对!我们**需要**一位市场业务经理,要求经济相关的教育**背景**和工作**经验**,也要求很好的中英文水平。我觉得你的条件很**符合**我们的要求。

杰明:谢谢!

陈红:请问你的**工资**要求是多少?

杰明:不低于25000一个月。

陈红:请问你最快能什么时候开始上班?

杰明:两个星期以后。

陈红:非常好!我会**安排**你下午两点和**总经理**的第二个面试。

杰明:请问是中文面试,还是英文面试?

陈红:是英文面试,总经理是美国人。

杰明:好的,谢谢!

Key Vocabulary

紧张 jǐn zhāng	adj.	nervous	了解 liǎo jiě	v.	to get to know
面试 miàn shì	n.	interview	放松 fàng sōng	v. adj.	to relax relaxed
自我介绍 zì wǒ jiè shào	n.	self-introduction	本科 běn kē	n.	bachelor's
毕业 bì yè	n. v.	graduation to graduate	金融 jīn róng	adj.	financial
长期 cháng qī	n.	long term	总部 zǒng bù	n.	headquarters
分公司 fēn gōng sī	n.	branch (company)	需要 xū yào	v.	to need
背景 bèi jǐng	n.	background	符合 fú hé	v.	to match (role or requirement)
工资 gōng zī	n.	salary	安排 ān pái	v.	to arrange
经验 jīng yàn	n.	experience	总经理 zǒng jīng lǐ	n.	general manager; CEO
伦敦 lún dūn	n.	London	纽约 niǔ yuē	n.	New York
教育 jiào yù	n.	education	业务 yè wù	n.	business (operations or services)

Learning Tip

过奖过奖 (guò jiǎng guò jiǎng) is a colloquial term used to respond to compliments in order to show modesty, as 过奖 means to "overpraise." It translates to "thank for the compliment."

English Version

Jamie: Hello! Ms. Chen.

Ms. Chen: Hello Jamie. Please sit down.

Jamie: Thank you!

Ms. Chen: How do you **feel** today?

Jamie: Very well, just a little **nervous**.

Ms. Chen: Don't be nervous! This **interview** is just for us to **get to know** more about you.

Jamie: Thank you! I feel a bit **relaxed** now.

Ms. Chen: Could you make a simple **self-introduction** first?

Jamie: Yes. My name is Jamie and I am British. I studied my **Bachelor's** at the **London School of Economics and Political Science**, majoring in economics. After **graduation**, I worked for a **financial** company in **London** for three years. I like Chinese culture very much. Before I came to China, I had studied Chinese for several years. I went to Shanghai last September and further studied Chinese in university for another half year. Now I plan to work and live in China for the **long term**.

Ms. Chen: Thank you! Your Chinese sounds very good!

Jamie: Thank you for the compliment!

Ms. Chen: May I ask, have you heard of our company before ?

Jamie: Yes, I have, I also know that the company's **headquarters** is in **New York**, and there are many other **branches** all over the world.

Ms. Chen: In which cities are our branches in China?

Jamie: In Shanghai, Beijing, Hong Kong, and Chengdu.

Ms. Chen: Correct! We **need** a marketing manager with an economics related educational **background** and working **experience**, as well as good Chinese and English skills. I think you **match well** with our requirements.

Jamie: Thank you!

Ms. Chen: What is your **salary** requirement?

Jamie: Not less than ￥25,000 a month.

Ms. Chen: How soon can you start work?

Jamie: In two weeks.

Ms. Chen: Very good! I will **arrange** your second interview with the **general manager** at 2pm.

Jamie: Is the interview in Chinese or English?

Ms. Chen: It's in English, and the general manager is American.

Jamie: Okay, thank you!

我 迷 路 了
wǒ mí lù le

I Am Lost

手机铃声...
shǒu jī líng shēng

苏飞：喂，杰明。你在哪儿？
　　　wéi jié míng nǐ zài nǎ ér

杰明：喂，苏飞，我也不知道我在哪儿！
　　　wéi sū fēi wǒ yě bù zhī dào wǒ zài nǎ ér

苏飞：什么意思？
　　　shén me yì si

杰明：我的意思是我好像**迷路**了！
　　　wǒ de yì si shì wǒ hǎo xiàng mí lù le

苏飞：什么？怎么会？
　　　shén me zěn me huì

杰明：我也不知道。你们先吃饭吧，不用等我。
　　　wǒ yě bù zhī dào nǐ men xiān chī fàn ba bú yòng děng wǒ

苏飞：我不是让你在手机上**下载**"**百度地图**"吗？用这个，就不会出**问题**！
　　　wǒ bú shì ràng nǐ zài shǒu jī shàng xià zǎi bǎi dù dì tú ma yòng zhè gè jiù bú huì chū wèn tí

杰明：**别提了**！就是这个**程序**把我带到这里的。
　　　bié tí le jiù shì zhè gè chéng xù bǎ wǒ dài dào zhè lǐ de

苏飞：不会吧？你真的没有弄错我发给你的**地址**？
　　　bú huì ba nǐ zhēn de méi yǒu nòng cuò wǒ fā gěi nǐ de dì zhǐ

杰明：地址没错，错的是这个程序。我跟着它走，就像一个**笨蛋**一样，它让我往哪里走，我就往哪里走。

苏飞：我用这个程序那么多年了，怎么就没出过问题？

杰明：别忘了你是**本地人**！我可是个外国人！

苏飞：好吧，亲爱的。我**投降**了！

杰明：来中国后，这是第一次迷路！我觉得特别**恼火**。

苏飞：你先**淡定**！用眼睛看看周围的**环境**。

杰明：好吧。我周围有很多高楼，中间是**广场**。

苏飞：这家**餐厅**在一座18层的蓝色高楼里，你**抬头**在周围看一看。

杰明：啊！我好像看到了。是**祖母西餐厅**，对吗？

苏飞：对！就是这个。

杰明：太好了！看来是我一直**盯**着手机，忘记抬头了。

苏飞：所以说，不是你笨，是你只看手机不抬头！

杰明：说得不错！

苏飞：你走了那么长的路，应该快**累死**了吧！

杰明：不是快累死，是快渴死，也快**饿死**了！

苏飞：唉！真是条**可怜虫**！你快点过来吧，我们已经等你**好久**了！

杰明：好的，马上来！

Key Vocabulary

迷路 mí lù	v.	to get lost		下载 xià zǎi	v.	to download
别提了 bié tí le	phr.	don't mention it		程序 chéng xù	n.	app
地址 dì zhǐ	n.	address		笨蛋 bèn dàn	n.	fool
本地人 běn dì rén	n.	local person		投降 tóu xiáng	v.	to surrender
恼火 nǎo huǒ	adj.	frustrating		淡定 dàn dìng	v.	to calm down
环境 huán jìng	n.	environment		抬头 tái tóu	v.	to raise one's head
盯 dīng	v.	to stare		可怜虫 kě lián chóng	n.	poor guy
餐厅 cān tīng	n.	restaurant		广场 guǎng chǎng	n.	square; plaza
西餐厅 xī cān tīng	n.	western restaurant		高楼 gāo lóu	n.	high-rise building
周围 zhōu wéi	n.	surroundings		忘记 wàng jì	v.	to forget

Learning Tip

饿死了 (è sǐ le) literally means "hungry to death" it is used colloquially, similar to the use of "starving" in English when used to exaggerate one's hunger. 死了 (sǐ le) is commonly added after various adjectives in Chinese to exaggerate the extent to which it applies, for example:

渴死了 kě sǐ le	too thirsty	丑死了 chǒu sǐ le	too ugly
冷死了 lěng sǐ le	too cold	臭死了 chòu sǐ le	too stinky
累死了 lèi sǐ le	too tired	笨死了 bèn sǐ le	too stupid

English Version

Mobile phone ringing……

Su Fei: Hello, Jamie. Where are you?

Jamie: Hi, Su Fei. I don't know where I am!

Su Fei: What do you mean?

Jamie: I mean I seem to be **lost**!

Su Fei: What? How?

Jamie: I don't know. You guys can eat first, don't wait for me.

Su Fei: Didn't I ask you to **download** the "Baidu Map" app on your phone? With this navigation, there would be no **problem**!

Jamie: Don't mention it! It is this **app** that brought me here.

Su Fei: No way? Are you sure you did not mistake the **address** I sent you?

Jamie: The address is correct, it is a problem with the app. I follow it, just like a **fool** (stupid egg), and go wherever it tells me to.

Su Fei: I have been using this app for so many years, why have I never had any problems?

Jamie: Don't forget you are a **local**! I'm a foreigner!

Su Fei: Okay, dear. I **surrender**!

Jamie: After coming to China, this is the first time I get lost! It's very **frustrating**.

Su Fei: Calm down first! Use your eyes, look at the **surrounding environment.**

Jamie: Okay. There are many tall buildings around me, with a **square** in the middle.

Su Fei: This **restaurant** is in an 18-story blue high-rise building. **Raise your head** and take a look around.

Jamie: Ah! I seem to see it. It's **Grandma's Kitchen**, right?

Su Fei: Yes! That's it.

Jamie: Great! It seems that I have been **staring** at the phone and forgot to look up.

Su Fei: That's why, it's not that you are a fool, it's just you keep looking at the phone and not looking up!

Jamie: That's right!

Su Fei: I assume you must be **very exhausted** after walking so long!

Jamie: Not exhausted, but too thirsty, and **too starving**!

Su Fei: Oh! What a **poor guy** (poor worm)! Just come, we have been waiting for you for **a long time**!

Jamie: Okay, Coming now!

5 工作第一天
gōng zuò dì yī tiān

FIRST DAY AT WORK

杰明：早上好，张女士。
zǎo shàng hǎo zhāng nǚ shì

张云：早，杰明。我叫张云，**以后**不用叫我张女士，就叫
zǎo jié míng wǒ jiào zhāng yún yǐ hòu bú yòng jiào wǒ zhāng nǚ shì jiù jiào
我云姐吧。
wǒ yún jiě ba

杰明：好的，谢谢云姐。
hǎo de xiè xie yún jiě

张云：**不客气**！今天上班第一天，感觉怎么样？
bú kè qi jīn tiān shàng bān dì yī tiān gǎn jué zěn me yàng

杰明：感觉还可以！公司很大，**部门**很多，要认识的**同事**
gǎn jué hái kě yǐ gōng sī hěn dà bù mén hěn duō yào rèn shi de tóng shì
也很多。
yě hěn duō

张云：别担心！慢慢来，你会**熟悉**的。
bié dān xīn màn màn lái nǐ huì shú xi de

杰明：公司一共有六个部门，200个**员工**，对吗？
gōng sī yí gòng yǒu liù ge bù mén ge yuángōng duì ma

张云：不错！你怎么知道？
bú cuò nǐ zěn me zhī dào

杰明：我刚刚去**复印护照**的时候，看到了公司的**小册子**。
wǒ gānggāng qù fù yìn hù zhào de shí hòu kàn dào le gōng sī de xiǎo cè zi

张云：我带你去参观一下公司吧。我们现在在二楼，这
wǒ dài nǐ qù cān guān yí xià gōng sī ba wǒ men xiàn zài zài èr lóu zhè

边是**行政部门**,那边是IT部门。一楼是**餐厅**和咖啡厅。

杰明:餐厅的饭菜有什么选择?

张云:**中餐**和**西餐**都有。你习惯吃中餐吗?

杰明:当然习惯!我最喜欢吃中餐,也会做中餐。

张云:哇!看来是个**美食专家**呢!

杰明:过奖!我只是个**超级吃货**。

张云:你真**幽默**!我们现在坐电梯去三楼吧。

杰明:好的。三楼有哪些部门?

张云:三楼有三个部门。你看,这边是**市场**部门,是你工作的部门。那边是**财经**部门和**销售**部门。

杰明:这么说,**人事**部门在四楼吗?

张云:没错!人事部门和**总经理**办公室都在四楼。

杰明:我收到**邮件**,让我十点带上护照和**签证**去人事部门报告。

张云:当然了!每个新员工都得先去人事部**报告**。他们很**友好**,你有问题尽管问他们。

杰明:好的。

张云:对了。这是你的**员工卡**和饭卡。请**保管**好!

杰明:太好了!谢谢你帮我。

张云:不客气!如果需要帮忙,**随时**来找我。

Key Vocabulary

部门 bù mén	n.	department	同事 tóng shì	n.	colleague
熟悉 shú xi	adj.	familiar	复印 fù yìn	v.	to copy
小册子 xiǎo cè zi	n.	brochure	超级 chāo jí	adj.	super
美食专家 měi shí zhuān jiā	n.	food expert	行政部门 xíng zhèng bù mén	n.	admin department
幽默 yōu mò	adj.	humorous	市场部门 shì chǎng bù mén	n.	marketing department
邮件 yóu jiàn	n.	email	销售部门 xiāo shòu bù mén	n.	sales department
随时 suí shí	adv.	anytime	财经部门 cái jīng bù mén	n.	finance department
保管 bǎo guǎn	v.	to keep	人事部门 rén shì bù mén	n.	HR department

Culture Corner

In China, there are certain norms around addressing people depending on their relationship with you. For less familiar, distant contacts, it is common to address individuals using their surname + title, for example:

王先生 (wáng xiān sheng) - Mr. Wang
王女士 (wáng nǚ shì) - Ms. Wang

Colleagues, especially of equal rank, are not considered to be distant contacts and as such it is most common to hear colleagues address and refer to one another just using each other's given names or the format:

Given name + 姐 (jiě) (sister) - for women
Given name + 哥 (gē) (brother) - for men

You can check out the video on my YouTube channel to learn how to address anyone depending on their relationship to you.

Don't forget that the surname comes before the given name in Chinese names.

English Version

Jamie: Good morning, Ms. Zhang.

Zhang Yun: Good morning, Jieming. My name is Zhang Yun. **From now on**, no need to call me Ms. Zhang, just call me Yun (Yun Sister).

Jamie: Okay, thank you Yun.

Zhang Yun: You're welcome. First day of work today, how are you feeling?

Jamie: Very good! The company is huge, with many **departments**, and many **colleagues** to get to know.

Zhang Yun: Don't worry! Gradually, you will be **familiar** with everything.

Jamie: The company has six departments and 200 **employees**, right?

Zhang Yun: True! How do you know?

Jamie: When I was **copying** my **passport**, I saw a company **brochure**.

Zhang Yun: Let me show you the company. We are now on the second floor, here is the **administrative department**, and over there is the IT department. The first floor is a **dining hall** and **cafe**.

Jamie: What are the dish choices in the dining hall?

Zhang Yun: Both **Chinese meal** and **Western meal** are available. Are you used to eating Chinese meals?

Jamie: Of course! I like Chinese food the most and I can also cook Chinese food.

Zhang Yun: Wow! Looks like a **food expert**!

Jamie: Thank you! I'm just a **super foodie**.

Zhang Yun: You are so **humorous**! Let's take the elevator to the third floor now.

Jamie: Okay. What departments are on the third floor?

Zhang Yun: There are three departments on the third floor. You see, here is the **marketing** department, where you work. Plus the **financial** department and **sales** department.

Jamie: So, is the **HR** department on the fourth floor?

Zhang Yun: That's right! The HR department and **general manager's** office are on the fourth floor.

Jamie: I received the **email** asking me to bring my passport and **visa** to the HR department to report at 10am.

Zhang Yun: Of course! Every new employee has to **report to** the HR department first.

They are very **friendly**, just ask them any questions you have.

Jamie: Okay.

Zhang Yun: Right. This is your **staff card** and meal card. Please **keep** them safe!

Jamie: That's great! Thank you for helping me.

Zhang Yun: You're welcome! If you need help, come to me **anytime**.

6 他帅呆了
tā shuài dāi le

HE IS SHOCKINGLY HANDSOME

苏飞：你一般看足球**赛**吗？
　　　nǐ yì bān kàn zú qiú sài ma

李丽：嗯，一般不看。我对足球不**感兴趣**！
　　　ng yì bān bú kàn wǒ duì zú qiú bù gǎn xìng qù

苏飞：我以前也不感兴趣，可是现在我非常喜欢看。
　　　wǒ yǐ qián yě bù gǎn xìng qù kě shì xiàn zài wǒ fēi cháng xǐ huān kàn

李丽：是杰明**影响**你的吗？
　　　shì jié míng yǐng xiǎng nǐ de ma

苏飞：是啊！别忘了，他是个英国人，也是个**疯狂**的足
　　　shì a bié wàng le tā shì gè yīng guó rén yě shì gè fēng kuáng de zú
　　　球**迷**！
　　　qiú mí

李丽：我听说，在**欧洲**，英国、法国、德国和葡萄牙的足球
　　　wǒ tīng shuō zài ōu zhōu yīng guó fǎ guó dé guó hé pú tao yá de zú qiú
　　　队都很**厉害**。
　　　duì dōu hěn lì hai

苏飞：当然了！特别是每四年一次的**欧洲杯**，非常**精彩**！
　　　dāng rán le tè bié shì měi sì nián yí cì de ōu zhōu bēi fēi cháng jīng cǎi

李丽：你看过吗？
　　　nǐ kàn guò ma

苏飞：看过，可惜不是**直播**。
　　　kàn guò kě xī bú shì zhí bō

李丽：你为什么喜欢看直播的比赛？
　　　nǐ wèi shén me xǐ huān kàn zhí bō de bǐ sài

苏飞：因为看直播的时候不知道比赛**结果**，所以会更有意思。

李丽：你看比赛的时候，也会跟着一起**激动**吗？

苏飞：当然！我非常喜欢法国队，有个队员不仅踢足球踢得**超级**好，而且**帅呆了**！

李丽：是吗？有多帅？

苏飞：唔，我觉得他是我见过的最帅的法国人！

李丽：哇！你这么说，杰明不会**吃醋**吗？

苏飞：他呀！都快**淹死在醋坛子里**了！

李丽：别**开玩笑**了！

苏飞：放心吧！他不吃醋，也不**在乎**。

李丽：为什么？

苏飞：因为，他看足球的时候，**注意力**全在比赛上，完全听不到我说什么！

李丽：太**搞笑**了！看来，他看得比你更激动！**果然**是个足球迷！

苏飞：对啊！现在，我们都很**期待**下一次的**世界杯**和**欧洲杯**！

李丽：我很**怀疑**，你到底是想看**帅哥**，还是想看比赛！

苏飞：肯定都想啊！

Key Vocabulary

(比)赛 bǐ sài	n.	match	感兴趣 gǎn xìng qù	phr.	to be interested in
影响 yǐng xiǎng	v.	to influence	(足球)迷 zú qiú mí	n.	(football) fan
厉害 lì hai	adj.	great; amazing (people)	精彩 jīng cǎi	adj.	splendid
欧洲杯 ōu zhōu bēi	n.	euro cup	世界杯 shì jiè bēi	n.	world cup
直播 zhí bō	n.	live broadcast	结果 jié guǒ	n.	result
激动 jī dòng	adj.	excited	开玩笑 kāi wánxiào	phr.	to joke
注意力 zhù yì lì	n.	attention	搞笑 gǎo xiào	adj.	funny
期待 qī dài	v.	look forward	怀疑 huái yí	v.	to doubt
到底 dào dǐ	adv.	exactly; in the end	肯定 kěn dìng	adv.	definitely; of course
吃醋 chī cù	v.	to be jealous (relationship)	淹死在醋坛子里 yān sǐ zài cù tán zi lǐ		extremely jealous (drowning in the vinegar jar)

Learning Tip

帅呆了 (shuài dāi le) means "shockingly handsome," literally it is made up of the adjective 帅 meaning "handsome" and the verb 呆了 meaning "to be shocked."

吃醋 (chī cù) literally means "to eat vinegar," but it is slang for "being jealous," especially in romantic relationships.

English Version

Su Fei: Do you usually watch football **matches**?

Li Li: Well, not usually. I am not **interested in** football!

Su Fei: I wasn't interested before either, but now I like it very much.

Li Li: Are you **influenced** by Jamie?

Su Fei: Yup! Don't forget, he is an Englishman and a **crazy** football **fan**!

Li Li: I heard that in **Europe**, the football teams of England, France, Germany and Portugal are **great**.

Su Fei: Of course! Especially the **European Cup** every four years, so **splendid**!

Li Li: Have you seen it?

Su Fei: Yes, but it was not a **live broadcast**.

Li Li: Why do you like watching it live?

Su Fei: Because I don't know the **result** of the match when watching the live broadcast, which is more interesting.

Li Li: When you are watching the match, do you get **excited**?

Su Fei: Of course! I like the French team very much. There was one player who not only played football **super** well, but was also **shockingly handsome**!

Li Li: Really? How handsome?

Su Fei: Well, I think he is the most handsome Frenchman I have ever seen!

Li Li: Wow! You say this, won't Jamie **be jealous** (eat vinegar)?

Su Fei: Him! **Of course**, **very jealous** (almost drowned in the vinegar jar)!

Li Li: Don't be **joking**!

Su Fei: Don't worry! He is not jealous and doesn't **care**.

Li Li: Why?

Su Fei: Because when he was watching football, his **attention** was all on the match that he didn't even hear me at all!

Li Li: So **funny**! It seems he is more excited than you! **Surely** what a crazy football fan he is!

Su Fei: Indeed! Now, we are all **looking forward** to watching the next **World Cup** and European Cup!

Li Li: I really **doubt** it, are you up to watching **handsome guys** or the football match!

Su Fei: Both, of course!

7

真是购物狂
zhēn shì gòu wù kuáng
WHAT A SHOPAHOLIC

苏飞：亲爱的，我有一个**好消息**和一个**坏消息**，你想先
　　　qīn ài de　wǒ yǒu yí ge hǎo xiāo xi hé yí ge huài xiāo xi　nǐ xiǎng xiān
　　　听哪个？
　　　tīng nǎ ge

杰明：额，先听好消息吧。
　　　é　xiān tīng hǎo xiāo xi ba

苏飞：好消息是：我今天在**网上**给你买了10袋你最喜
　　　hǎo xiāo xi shì　wǒ jīn tiān zài wǎngshàng gěi nǐ mǎi le　dài nǐ zuì xǐ
　　　欢的**川味香肠**。
　　　huān de chuān wèi xiāngcháng

杰明：真的吗？我想吃川味香肠都快想疯了！什
　　　zhēn de ma　wǒ xiǎng chī chuān wèi xiāngcháng dōu kuài xiǎng fēng le　shén
　　　么时候到？
　　　me shí hòu dào

苏飞：是在**京东**上买的，所以非常快！明天就到！
　　　sū fēi　shì zài jīng dōng shàng mǎi de　suǒ yǐ fēi cháng kuài　míng tiān jiù dào

杰明：太好了！**简直**是这个星期最好的消息。
　　　tài hǎo le　jiǎn zhí shì zhè ge xīng qī zuì hǎo de xiāo xi

苏飞：你开心就好！
　　　nǐ kāi xīn jiù hǎo

杰明：对了，坏消息是什么？
　　　duì le　huài xiāo xi shì shén me

苏飞：嗯，坏消息是：我买东西买得太多，把我这个月的
　　　ǹg　huài xiāo xi shì　wǒ mǎi dōng xi mǎi de tài duō　bǎ wǒ zhè ge yuè de

工资全花完了!

杰明:啊?你都买什么了?怎么会花这么多钱?

苏飞:我觉得也没买什么呀,只是一些**化妆品**、衣服和**零食**。

杰明:都是**网购**吗?

苏飞:当然了!你也知道,我最近特别**懒**,不想出门。所以**要么**在淘宝上买,**要么**在京东上买。

杰明:你真是一个**购物狂**!看来,这个月,家里的**花销**只能靠我了。

苏飞:嗯,**得辛苦你了**!

杰明:但是,这**疯狂**的网购是个坏习惯,你可以**改掉**吗?

苏飞:没那么**严重**吧?我只是这个月花钱花多了。

杰明:我想知道,你以前跟**父母**住在一起的时候也是这样吗?

苏飞:是啊!不过,在父母家,没有任何**吃住花销**。

杰明:为什么呢?

苏飞:因为跟爸妈住是**免费**的,不用给**房租**,也不用花钱买菜。

杰明:你觉得,这是因为你父母太有钱了,还是太**溺爱**你了?

苏飞：我**懂**你的意思了。我很抱歉！
　　　wǒ dǒng nǐ de yì si le　wǒ hěn bào qiàn

杰明：没关系！我只是觉得你应该学会**节约**。
　　　méi guān xi　wǒ zhǐ shì jué de nǐ yīng gāi xué huì jié yuē

苏飞：放心吧，我一定会**改掉**这个坏习惯。只是，唉…
　　　fàng xīn ba　wǒ yí dìng huì gǎi diào zhè gè huài xí guàn　zhǐ shì　āi

杰明：为什么**叹气**？
　　　wèi shén me tàn qì

苏飞：我**本来**打算**月底**网购一条狗，看来只能等到下
　　　wǒ běn lái dǎ suàn yuè dǐ wǎng gòu yì tiáo gǒu　kàn lái zhǐ néng děng dào xià
　　　次了！
　　　cì le

Learning Tip

děi xīn kǔ nǐ le
得辛苦你了 literally means "you need work hard" but is a colloquial term to show appreciation or gratitude to others.

Culture Corner

China has the largest ecommerce market in the world. Two of the biggest shopping platforms are "京东" (JD.com) and "淘宝" (Taobao, owned by Alibaba) with a several more smaller and growing companies and services focussed on more niche markets.

Key Vocabulary

消息 xiāo xi	n.	news	网上 wǎng shàng	n.	online
简直 jiǎn zhí	adv.	simply	化妆品 huà zhuāng pǐn	n.	cosmetics
网购 wǎng gòu	n.	online shopping	花销 huā xiāo	n.	expenses
购物狂 gòu wù kuáng	n.	shopaholic	父母 fù mǔ	n.	parents
零食 líng shí	n.	snacks	懂 dǒng	v.	to understand
疯狂 fēng kuáng	adj.	crazy	严重 yán zhòng	adj.	serious; bad
免费 miǎn fèi	v.	be free of charge	房租 fáng zū	n.	house rent
溺爱 nì ài	v.	to spoil	节约 jié yuē	v.	to save (money or time)
本来 běn lái	adv.	orginally	月底 yuè dǐ	n.	end of month
改掉 gǎi diào	v.	to correct oneself	叹气 tàn qì	v.	to sigh
懒 lǎn	adj.	lazy	工资 gōng zī	n.	salary; wages
抱歉 bào qiàn	v. adj.	to feel sorry; apologetic	花钱 huā qián	v.	to spend money
香肠 xiāng cháng	n.	sausage	怎么会 zěn me huì		how could it be
简直 jiǎn zhí	adv.	simply	要么… yào me 要么… yào me		either…or…

English Version

Su Fei: Honey, I have **good news** and **bad news**. Which one do you want to hear first?

Jamie: Uh, the good news first.

Su Fei: The good news is: I bought you 10 bags of your favorite **Sichuan sausages online** today.

Jamie: Really? I have been missing Sichuan sausage like crazy! When will it arrive?

Su Fei: I bought it on **JD.com**, so it's very fast! Will arrive tomorrow!

Jamie: That's great! **Simply** the best news this week.

Su Fei: I am glad you are happy!

Jamie: By the way, what's the bad news?

Su Fei: Well, the bad news is: I bought too much and spent all my **salary** this month!

Jamie: Huh? What did you buy? How did you spend so much money?

Su Fei: I don't think I bought that much, just some **cosmetics**, clothes and **snacks**.

Jamie: Were they all **online purchases**?

Su Fei: Of course! As you know, I have been very **lazy** recently and don't want to go out. So they are **either** bought on Taobao **or** on JD.com.

Jamie: What a **shopaholic**! It seems this month, we have to rely on my own salary for **expenses**.

Su Fei: Indeed, and I **appreciate your hard work** (need you to work hard)!

Jamie: However, this **crazy** online shopping is a bad habit, can you **get rid of** it?

Su Fei: It's not that **serious**, right? I just happened to spend more this month.

Jamie: I want to know, was it the same when you were living with your **parents**?

Su Fei: Yes! However, in my parents' there are not many **living expenses**.

Jamie: Why?

Su Fei: Because living with parents is **free**, and there is no need to pay **rent** or spend money to buy food.

Jamie: Do you think this is because your parents are too rich, or they **spoil** you too much?

Su Fei: I **understand** what you mean. I'm very sorry!

Jamie: It's okay! I just think you should learn to **save money**.

Su Fei: Don't worry, I will definitely **correct** this bad habit. It's just, ugh...

Jamie: Why **sigh**?

Su Fei: I **originally** planned to buy a dog online by the **end of the month**, but it seems I have to wait until next time!

8 我的魔鬼邻居
wǒ de mó guǐ lín jū
MY NIGHTMARE NEIGHBOR

苏飞：你今天看上去怎么那么累？
　　　nǐ jīn tiān kàn shàng qù zěn me nà me lèi

李丽：唉，**一言难尽**！
　　　āi　yì yán nán jìn

苏飞：你慢慢说，**到底**怎么了？
　　　nǐ màn màn shuō dào dǐ zěn me le

李丽：我的楼上住着个**魔鬼**，每天晚上吵得我睡不好！
　　　wǒ de lóu shàng zhù zhe gè mó guǐ měi tiān wǎn shàng chǎo de wǒ shuì bù hǎo

苏飞：是你以前说过的那个**魔鬼邻居**吗？
　　　shì nǐ yǐ qián shuō guò de nà gè mó guǐ lín jū ma

李丽：当然了！不然，还会有谁？
　　　dāng rán le　bù rán　hái huì yǒu shéi

苏飞：那个**家伙**不是已经**搬走**了吗？
　　　nà gè jiā huo bú shì yǐ jīng bān zǒu le ma

李丽：他上个月**的确**是搬去跟他女朋友住了。可是，不
　　　tā shàng gè yuè dí què shì bān qù gēn tā nǚ péng yǒu zhù le　kě shì bú
　　　到一个月就被女朋友**甩**了。所以他现在又搬回来了。
　　　dào yí gè yuè jiù bèi nǚ péng yǒu shuǎi le　suǒ yǐ tā xiàn zài yòu bān huí lái le

苏飞：真可惜！你太**倒霉**了！
　　　zhēn kě xī nǐ tài dǎo méi le

李丽：他前天晚上好像在看**恐怖电影**，一边看，一边
　　　tā qián tiān wǎn shàng hǎo xiàng zài kàn kǒng bù diàn yǐng yì biān kàn yì biān
　　　尖叫！
　　　jiān jiào

苏飞：不会吧？叫了多久？

李丽：叫了两个小时，**而且**叫得像只鸡一样，从11点叫到**凌晨**1点！

苏飞：天啊！这也太**疯狂**了吧！

李丽：这还不算疯狂！昨天晚上他更**牛**！一边哭，一边**弹吉他**唱歌！

苏飞：唱什么歌？

李丽：我听得很**清楚**，他在唱那首老歌《当你孤单，你会想起谁》！

苏飞：看来，他**分手**后，太**孤单**，太**伤心**了！

李丽：是啊！我今天早上看到他，完全是**半死不活**的样子。

苏飞：那你有没有告诉他，这几天晚上他吵到你**睡觉**了？

李丽：嗯，我跟他说了，然后问他以后能不能**小声一点**。

苏飞：他怎么回答？

李丽：他向我**道歉**，答应以后唱歌一定会小声。不过，他**居然**问我什么时候**有空**，愿不愿意跟他一起唱！

苏飞：什么！**居然**问这种问题，简直是个**魔鬼**！

李丽：**可不**，我都快被他气死了。

苏飞：你的小胖狗呢？它睡得怎么样？

李丽：它呀！睡得太**沉**，还一直**打呼**。不像我，完全**睡不着**！

Key Vocabulary

到底 dào dǐ	adv.	on earth; exactly		魔鬼 mó guǐ	n.	demon
邻居 lín jū	n.	neighbor		搬走 bān zǒu	v.	to move away
的确 dí què	adv.	indeed		甩 shuǎi	v.	to dump
倒霉 dǎo méi	adj.	unlucky		恐怖 kǒng bù	n.	horror
凌晨 líng chén	n.	early morning (before dawn)		孤单 gū dān	adj.	lonely
分手 fēn shǒu	v.	to break-up		伤心 shāng xīn	adj.	sad
道歉 dào qiàn	v.	to apologize		沉 chén	adj.	deep; heavy
打呼 dǎ hū	v.	to snore		睡不着 shuì bù zháo	phr.	to not be able to sleep
半死不活 bàn sǐ bù huó	idiom	half dead		可不 kě bù		indeed; exactly
居然 jū rán	adv.	unexpectedly; to one's surprise		一边... 一边... yì biān ... yì biān ...		indicate simultaneous actions

Learning Tip

一言难尽 yì yán nán jìn is a Chinese idiom used to express something that is difficult to explain and thus indicate a long explanation or story before the full conversation starts. Literally it translates as "cannot be explained with one word"

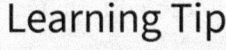 tài niú le literally translates as "too cow," it is a colloquial phrase meaning "too awesome." In general, this is a positive term but can also be used sarcastically, as in this conversation, and therefore carry negative connotations.

English Version

Su Fei: Why are you looking so tired today?

Li Li: Oh, it's **hard to say** (cannot be explained in one word)!

Su Fei: Take your time, what **on earth** happened?

Li Li: There is a **demon** living upstairs, and he ruins my sleep every night by his noise!

Su Fei: Is it the **nightmare (demon) neighbor** you mentioned before?

Li Li: Of course! Otherwise, who else?

Su Fei: Hasn't that **guy** already **moved out**?

Li Li: He **indeed** moved to live with his girlfriend last month. However, he was **dumped** in less than a month. So he's moved back now.

Su Fei: What a pity! You are so **unlucky**!

Li Li: He seemed to be watching a **horror movie** the night before, watching and **screaming** at the same time!

Su Fei: No way? How long did he scream for?

Li Li: Two hours, **besides** he was screaming like a rooster, from 11 o'clock to 1 o'clock in the **early morning**!

Su Fei: Oh my god! This is too **crazy**!

Li Li: This is not even crazy enough! Last night he was **worse** (as crazy as a cow), crying and singing while **playing guitar**!

Su Fei: What song did he sing?

Li Li: I heard it very **clearly**. He was singing the old song *When You Are Lonely, Who Will You Think About*!

Su Fei: It seems that after he **broke up**, he was too **lonely** and too **sad**!

Li Li: Indeed! I saw him this morning, completely **half-dead** looking.

Su Fei: Did you tell him that he disturbed your **sleep** these nights?

Li Li: Well, I did, and then I asked him if he could keep his **volume down a bit**.

Su Fei: How did he answer?

Li Li: He **apologized** to me and promised to sing quietly in the future. However, he asked me when would I **be free** to sing with him?

Su Fei: What! Asking (**unexpectantly**) such a question! Simply a **nightmare** (demon) he is!

Li Li: **Indeed**, he drove me mad (angry to death).

Su Fei: What about your little dog Fatty? How was his sleep?

Li Li: Oh he slept so **deeply**, even keep **snoring**! Unlike me, I **couldn't sleep** at all!

9 出差去香港
chū chāi qù xiāng gǎng
BUSINESS TRIP TO HONG KONG

王大伟：请问，您是杰明先生吗？
qǐng wèn　nín shì jié míng xiān sheng ma

杰明：是的，请问您是？
shì de　qǐng wèn nín shì

王大伟：我叫王大伟，你可以叫我大伟。我是**香港分公**
wǒ jiào wáng dà wěi　nǐ kě yǐ jiào wǒ dà wěi　wǒ shì xiānggǎng fēn gōng
司派来**接**你的。
sī pài lái jiē nǐ de

杰明：哦，原来你就是王先生。**幸会幸会**！
ò yuán lái nǐ jiù shì wáng xiān sheng　xìng huì xìng huì

王大伟：谢谢！你**一路辛苦**了！
xiè xie　nǐ yí lù xīn kǔ le

杰明：还好吧！从上海坐飞机到香港才两个小时，一
hái hǎo ba　cóng shàng hǎi zuò fēi jī dào xiānggǎng cái liǎng gè xiǎo shí　yì
点儿也不累。
diǎn ér yě bú lèi

王大伟：你在飞机上吃饭了吗？
nǐ zài fēi jī shàng chī fàn le ma

杰明：还没有，我不太喜欢飞机上的**饭菜**。
hái méi yǒu　wǒ bú tài xǐ huān fēi jī shàng de fàn cài

王大伟：这样吧，我们先去**酒店**，然后在酒店一起吃午
zhè yàng ba　wǒ men xiān qù jiǔ diàn　rán hòu zài jiǔ diàn yì qǐ chī wǔ
饭，好吗？
fàn　hǎo ma

杰明： 好的，我喜欢这个**安排**。
hǎo de wǒ xǐ huān zhè gè ān pái

王大伟： 请上车吧。你想坐前面还是后面？
qǐng shàng chē ba nǐ xiǎng zuò qián miàn hái shì hòu miàn

杰明： 坐前面吧，这样方便跟你说话。**对了**，这是你的车吗？
zuò qián miàn ba zhè yàng fāng biàn gēn nǐ shuō huà duì le zhè shì nǐ de chē ma

王大伟： 不是，这是公司的车。你**以前**来过香港吗？
bú shì zhè shì gōng sī de chē nǐ yǐ qián lái guò xiānggǎng ma

杰明： 我**小时候**来过，跟我的父母来旅行。你呢，**一直**住在香港吗？
wǒ xiǎo shí hòu lái guò gēn wǒ de fù mǔ lái lǚ xíng nǐ ne yì zhí zhù zài xiānggǎng ma

王大伟： 没有，我的妈妈是香港人，爸爸是美国人。我们一直住在美国，我是三年前才到香港的。
méi yǒu wǒ de mā ma shì xiānggǎng rén bà ba shì měi guó rén wǒ men yì zhí zhù zài měi guó wǒ shì sān nián qián cái dào xiānggǎng de

杰明： 你觉得香港怎么样？
nǐ jué de xiānggǎng zěn me yàng

王大伟： 我很喜欢香港，这里**不但**环境好，**而且**工作机会很多，只是**房租**太贵了。
wǒ hěn xǐ huān xiānggǎng zhè lǐ bú dàn huán jìng hǎo ér qiě gōng zuò jī huì hěn duō zhǐ shì fáng zū tài guì le

杰明： 那你会说**粤语**吗？
nà nǐ huì shuō yuè yǔ ma

王大伟： 只会一点点，但我更喜欢说**普通话**。对了，下午三点我们要去**展览中心**。
zhǐ huì yì diǎn diǎn dàn wǒ gèng xǐ huān shuō pǔ tōng huà duì le xià wǔ sān diǎn wǒ men yào qù zhǎn lǎn zhōng xīn

杰明： 谢谢你的**提醒**！
xiè xie nǐ de tí xǐng

王大伟： 不客气！我们是同事，应该**相互帮助**。
bú kè qi wǒ men shì tóng shì yìng gāi xiāng hù bāng zhù

Key Vocabulary

接 jiē	v.	to pick up	酒店 jiǔ diàn	n.	hotel
安排 ān pái	n.	arrangement	一直 yì zhí	adv.	always
环境 huán jìng	n.	environment	提醒 tí xǐng	n.	reminder
饭菜 fàn cài	n.	dishes (food)	房租 fáng zū	n.	rent (payment)
粤语 yuè yǔ	n.	Cantonese	普通话 pǔ tōng huà	n.	Mandarin
展览 zhǎn lǎn	n.	exhibition	相互 xiāng hù	adv.	one another
中心 zhōng xīn	n.	center	帮助 bāng zhù	v. / n.	to help / help
公司 gōng sī	n.	company	以前 yǐ qián	n.	before; previously
同事 tóng shì	n.	colleague; co-worker	方便 fāng biàn	adj.	convenient
父母 fù mǔ	n.	parents	旅行 lǚ xíng	v.	to travel
香港 xiāng gǎng	n.	Hong Kong	不但… 而且… bú dàn… ér qiě…		not only… but also…

Learning Tip

幸会幸会 (xìng huì xìng huì) literally means "honored to meet," it is a term frequently used in business or formal contexts, especially the first time people meet.

一路幸苦了 (yí lù xīng kǔ le) literally means "a journey of harshness," it is used especially in a business context as a courtesy to recognise someone has travelled far.

English Version

Wang Dawei: Excuse me, are you Mr. Jamie?

Jamie: Yes, may I ask who are you?

Wang Dawei: My name is Wang Dawei, you can call me Dawei. I was sent by the **Hong Kong** branch to **pick** you **up**.

Jamie: Oh, so you are Mr. Wang. **Nice to meet you** (what an honor)!

Wang Dawei: Thank you! I **appreciate that you had a long journey**!

Jamie: It's okay! It takes only two hours to fly from Shanghai to Hong Kong, and I don't feel tired at all.

Wang Dawei: Did you eat on the plane?

Jamie: Not yet. I don't like the **dishes** on the plane.

Wang Dawei: Let's go to the **hotel** first and have lunch together there, okay?

Jamie: Okay, I like this **arrangement**.

Wang Dawei: Please get in the car. Do you want to sit in the front or back?

Jamie: I will sit in the front so that it is easier to talk to you. **By the way**, is this your car?

Wang Dawei: No, this is a company car. Have you been to Hong Kong **before**?

Jamie: I came here **when I was little** whilst traveling with my parents. What about you, have you **always** lived in Hong Kong?

Wang Dawei: No, my mother is from Hong Kong and my father is from the US. We had always lived in the US and I only came to Hong Kong three years ago.

Jamie: What do you think of Hong Kong?

Wang Dawei: I like it very much. **Not only** does it have a good environment, **but also** has many job opportunities, except the **rent** is too high.

Jamie: Do you speak **Cantonese**?

Wang Dawei: Only a little bit, but I prefer to speak **Mandarin**. By the way, we have to go to the **exhibition center** at three in the afternoon.

Jamie: Thank you for your **reminder**!

Wang Dawei: You're welcome! We are colleagues and should **help one another.**

10 端 午 节 快 乐
duān wǔ jié kuài lè

HAPPY DRAGON BOAT FESTIVAL

杰明：今天，我发现**小吃街**上到处都在卖一种**大绿叶**
jīn tiān wǒ fā xiàn xiǎo chī jiē shàng dào chù dōu zài mài yì zhǒng dà lǜ yè
团子。
tuán zi

苏飞：这是**粽子**，是中国的**传统**小吃。你不知道今天
zhè shì zòng zi shì zhōng guó de chuán tǒng xiǎo chī nǐ bù zhī dào jīn tiān
是什么节日吗？
shì shén me jié rì ma

杰明：嗯，不知道。你快告诉我吧！
ǹg bù zhī dào nǐ kuài gào sù wǒ ba

苏飞：今天是中国**农历**的五月五号，是**端午节**。
jīn tiān shì zhōng guó nóng lì de wǔ yuè wǔ hào shì duān wǔ jié

杰明：啊，**端午节快乐**！这个节日有什么**来源**？
ā duān wǔ jié kuài lè zhè gè jié rì yǒu shén me lái yuán

苏飞：端午节是为了**纪念**中国的**伟大**诗人屈原。他是
duān wǔ jié shì wèi le jì niàn zhōng guó de wěi dà shī rén qū yuán tā shì
两千多年前的**政治家**和**诗人**。那时候，中国有
liǎng qiān duō nián qián de zhèng zhì jiā hé shī rén nà shí hòu zhōng guó yǒu
七个不同的小国家，屈原的国家叫**楚国**。
qī gè bù tóng de xiǎo guó jiā qū yuán de guó jiā jiào chǔ guó

杰明：这些小国家之间经常**打仗**吗？
zhè xiē xiǎo guó jiā zhī jiān jīng cháng dǎ zhàng ma

苏飞：是的。当时**秦国**最强大，打算**消灭**其他六国。屈
shì de dāng shí qín guó zuì qiáng dà dǎ suàn xiāo miè qí tā liù guó qū

原为了救自己的国家，做了很多**努力**，也提出了很多有用的**建议**。可是**国王**不听，还把他赶走。

杰明：这国王真是个**笨蛋**！后来呢？

苏飞：后来，楚国被秦国**灭亡**了！屈原太伤心，跳河**自杀**了。

杰明：你说的秦国就是后来**统一**中国的秦国吗？

苏飞：对啊！你怎么知道？

杰明：因为我知道**秦始皇**。他是中国历史上的第一位**皇帝**，也是出名的**暴君**，秦国是他的国家。

苏飞：看来，你也算**了解**中国的历史。

杰明：只是，都过了几千年了，为什么中国人还要纪念屈原？

苏飞：因为他的文学**成就**很高，他的诗也非常有名，特别是他的**爱情**诗，非常美、非常**浪漫**！

杰明：我也喜欢诗，一会儿**上网**去查一下他的诗。

苏飞：对了，我刚才买了四个粽子，放在厨房，你想吃吗？

杰明：想！我现在就去吃。

苏飞：还有，今天晚上七点有**龙舟比赛**，我已经买了两张票。

杰明：真的吗？这听上去更有趣。

苏飞：当然了，龙舟比赛也是端午节的一个传统。

Key Vocabulary

小吃街 xiǎo chī jiē	n.	food street	传统 chuán tǒng	adj. n.	traditional tradition	
农历 nóng lì	n.	lunar calendar	来源 lái yuán	n.	origin	
纪念 jì niàn	v.	to commemorate	伟大 wěi dà	adj.	great (mighty)	
政治家 zhèng zhì jiā	n.	politician; statesman	诗人 shī rén	n.	poet	
努力 nǔ lì	n. v.	effort to work hard	建议 jiàn yì	n. v.	suggestion to suggest	
自杀 zì shā	v.	to suicide	皇帝 huáng dì	n.	emperor	
笨蛋 bèn dàn	n.	fool; idiot	统一 tǒng yī	v.	to unite	
爱情 ài qíng	n.	romantic love	浪漫 làng màn	adj.	romantic	
成就 chéng jiù	n.	achievement	上网 shàng wǎng	v.	to go online	
节日 jié rì	n.	festival; holiday	了解 liǎo jiě	v.	to understand; to learn about	
龙舟 lóng zhōu	n.	dragon boat	打仗 dǎ zhàng	v.	to fight a war	
比赛 bǐ sài	n. v.	competition; to compete	为了… wèi le		in order to…	

Culture Corner

duān wǔ jié
端午节 also known as the Dragon Boat Festival, is one of the four biggest traditional festivals in China with a long history. Eating rice dumplings and dragon boat racing are both part of the traditional activities. Chinese people also have 3 days' public holiday to celebrate it.

English Version

Jamie: Today I noticed everywhere on the **food street** is selling some sort of **big green leaf dumplings**.

Su Fei: They are **rice dumplings**, a **traditional** Chinese snack. Don't you know what festival it is today?

Jamie: Well, I don't know, tell me.

Su Fei: Today is the 5th day of the 5th month in the **Chinese lunar calendar - the Dragon Boat Festival**.

Jamie: Ah, **Happy Dragon Boat Festival!** What is the **origin** of this festival?

Su Fei: Dragon Boat Festival is to **commemorate** the **great** Chinese poet Qu Yuan. He was a **politician** and **poet** more than two thousand years ago. At that time, China was made of seven different small states, and Qu Yuan's state was called **Chu**.

Jamie: Did these small states often **have wars**?

Su Fei: Yes. The **State of Qin** was the strongest at that time and planned to **wipe out** the other six states. Qu Yuan put in a lot of **effort** and proposed many useful **suggestions** in order to save his state. But the **king** refused to listen and drove him away.

Jamie: The king was such a **fool**! What happened later?

Su Fei: Later, the State of Chu was **destroyed** by the State of Qin! Qu Yuan was so heart-broken that he committed **suicide** by jumping into the river.

Jamie: So was it the state of Qin that **unified** China in the end?

Su Fei: Correct! How do you know?

Jamie: Because I know **Emperor Qin Shi Huang**. He was the first **emperor** in Chinese history and a well-known **tyrant**. Qin was his state.

Su Fei: It seems that you **know** Chinese history fairly **well**.

Jamie: Well, it's been thousands of years, why do Chinese people still commemorate Qu Yuan?

Su Fei: Because of his great **achievements** in Chinese literature, his poems are also very famous, especially his **love** poems - very beautiful and **romantic**!

Jamie: I also like poems. I will **go online** to check his poems later.

Su Fei: By the way, I just bought four rice dumplings, and they are now in the kitchen. Do you want to eat some?

Jamie: Yes! I want to eat now.

Su Fei: Also, there is **dragon boat racing** at 7 o'clock this evening. I have already bought two tickets.

Jamie: Really? This sounds even more interesting.

Su Fei: Of course, the Dragon Boat Racing is also another tradition of the Dragon Boat Festival.

11 没面子
méi miàn zi
LOSING FACE

李丽：杰明，**好久不见**！
　　　jié míng　hǎo jiǔ bú jiàn

杰明：好久不见，李丽！
　　　hǎo jiǔ bú jiàn　lǐ lì

李丽：都认识那么久了，怎么还叫我李丽？你可以**直接**叫
　　　dōu rèn shi nà me jiǔ le　zěn me hái jiào wǒ lǐ lì　nǐ kě yǐ zhí jiē jiào
　　　我的**小名**，这样感觉更**亲切**。
　　　wǒ de xiǎo míng　zhè yàng gǎn jué gèng qīn qiè

杰明：那好！从现在开始，我也叫你丽丽。
　　　nà hǎo　cóng xiàn zài kāi shǐ　wǒ yě jiào nǐ lì lì

李丽：**一言为定**！
　　　yì yán wéi dìng

杰明：什么是"一言为定"？
　　　shén me shì　yì yán wéi dìng

李丽：这是成语，意思是：说话**算数**，不能**后悔**！
　　　zhè shì chéng yǔ　yì si shì　shuō huà suàn shù　bù néng hòu huǐ

杰明：嗯！我喜欢这个词。放心吧，我说话**一定**算数！
　　　ǹg　wǒ xǐ huān zhè gè cí　fàng xīn ba　wǒ shuō huà yí dìng suàn shù

李丽：对了，下个星期六我过生日，你和飞飞记得来参加
　　　duì le　xià gè xīng qī liù wǒ guò shēng rì　nǐ hé fēi fēi jì de lái cān jiā
　　　我的生日**聚会**！
　　　wǒ de shēng rì jù huì

杰明：没问题！我们一定参加。**地址**在哪？
　　　méi wèn tí　wǒ men yí dìng cān jiā　dì zhǐ zài nǎ

李丽：在明月饭店，你们可以坐**地铁**二号线过来，是**直达**的。聚会下午六点半开始，我一共请了八个朋友，你们不要**迟到**哦！

杰明：好的，**一言为定**！

李丽：哇！你学得真快！对了，我听说你刚刚从香港**出差**回来，那里怎么样？

杰明：还可以！我一共在香港**呆**了五天，工作很忙，没有时间到处看看。可是，我吃了很多香港的**美食**，还带了不少回来。

李丽：又是吃！看来，你也是**超级吃货**！

杰明：当然了！吃是**世界**上最**享受**的事！

李丽：啊！你的头上有……？

杰明：有什么？

李丽：你别碰，用这张纸巾**擦**。

杰明：天啊！怎么是**鸟粪**，太**恶心**了！

李丽：那只鸟刚刚从你头上飞过，它可能飞得太急了！

杰明：不是飞得太急，是吃得太饱了！

李丽：是啊！又一个吃货！这个公园的鸟太多了，又肥又大，你今天算**倒霉**！

杰明：跟朋友散步，居然遇到"**天降鸟粪**"，不仅倒霉，而且**没面子**！

李丽：别担心，**周围**没有其他人看到。
bié dān xīn zhōu wéi méi yǒu qí tā rén kàn dào

杰明：唉！我**可怜**的头。你在这里等我，我马上去洗手
āi wǒ kě lián de tóu nǐ zài zhè lǐ děng wǒ wǒ mǎ shàng qù xǐ shǒu
间把它**洗掉**。
jiān bǎ tā xǐ diào

李丽：好的，快去快回。
hǎo de kuài qù kuài huí

Key Vocabulary

直接 zhí jiē	adv.	directly	小名 xiǎo míng	n.	nickname
亲切 qīn qiè	adj.	familiar; close	后悔 hòu huǐ	v.	to regret
聚会 jù huì	n.	party	地铁 dì tiě	n.	metro
直达 zhí dá	adj.	direct (journey)	一言为定 yì yán wéi dìng	idiom	it's a deal
呆 dāi	v.	to stay	世界 shì jiè	n.	the world
享受 xiǎng shòu	adj.	enjoyable	擦 cā	v.	to wipe
鸟粪 niǎo fèn	n.	bird poop	恶心 ě xīn	adj.	disgusting
没面子 méi miàn zi	phr.	to lose face	可怜 kě lián	adj.	poor
周围 zhōu wéi	n.	around (nearby)	洗掉 xǐ diào	v.	to wash off

Culture Corner

李丽 (lǐ lì) has a nickname: 丽丽 (lì lì). She asked Jamie to use her nickname because, in China, friends typically prefer to be called by their given name or a nickname rather than their full name. However, in Chinese culture, full names, surnames, and courteous titles are frequently used between formal contacts.

English Version

Li Li: Jamie, **long time no see**!

Jamie: Long time no see, Li Li!

Li Li: We've known each other for so long, why still call me Li Li. You can **directly** call my **nickname**, as it feels more **close**.

Jamie: Fine! From now on, I will also call you Lili.

Li Li: "**Yī yán wéi dìng**" **(It's a deal)**!

Jamie: What does "**Yī yán wéi dìng**" mean?

Li Li: This is a Chinese idiom, it means: your words **count**, you can't **regret** it!

Jamie: Hmm! I like this. Don't worry, my words **definitely** count!

Li Li: By the way, My birthday is next Saturday. You and Feifei need to remember to come to the **party**!

Jamie: No problem! We will definitely come. What is the **address**?

Li Li: At the Moon Hotel, you can come by **metro** Line 2, it's a **direct** line. The party will start at 6:30 pm. I invited eight friends in total. Don't be **late**!

Jamie: Okay, "Yi Yan Wei Ding" (it's a deal)!

Li Li: Wow! You learn so fast! By the way, I heard that you just returned from a **business trip** in Hong Kong. How was it?

Jamie: It went well! I **stayed** in Hong Kong for a total of five days. I was very busy at work and did not have much time to look around. However, I ate a lot of Hong Kong **delicacies** and brought a lot of them back.

Li Li: Eating again! It seems that you are also a **super foodie**!

Jamie: Of course! Eating is the most **enjoyable** thing in the **world**!

Li Li: Ah! There is... on your head?

Jamie: What's it?

Li Li: Don't touch it, use this tissue to **wipe** it.

Jamie: Oh my god! How can it be **bird poop**? So **disgusting**!

Li Li: That bird just flew over your head, it might have flown too fast!

Jamie: Not flying too fast, but eating too much!

Li Li: Yes! Another foodie! There are too many birds in this park, fat and big. You happen to be **unlucky** today!

Jamie: Walking with a friend, unexpectedly encountered "**bird poop falling from the**

sky", not only bad luck, but also **losing face**!

Li Li: Don't worry, no one else **around** saw it.

Jamie: Oh! My **poor** head. Wait here, I will go to the toilet to **wash** it **off**.

Li Li: Okay, be quick.

12 兵马俑的故事
bīng mǎ yǒng de gù shi

TERRACOTTA WARRIORS STORY

杰明： 啊！这就是兵马俑**博物馆**，我太激动了！
ā zhè jiù shì bīng mǎ yǒng bó wù guǎn, wǒ tài jī dòng le

苏飞： 我也是！这次来西安，可以让我们**进一步**了解秦国的历史。
wǒ yě shì! zhè cì lái xī ān, kě yǐ ràng wǒ men jìn yí bù liǎo jiě qín guó de lì shǐ

杰明： 当然！兵马俑的故事很**精彩**！这是我们的门票，我去拿**照相机**。
dāng rán! bīng mǎ yǒng de gù shi hěn jīng cǎi! zhè shì wǒ men de mén piào, wǒ qù ná zhào xiàng jī

苏飞： 别拿了，**除了**活动区，其他地方不可以**拍照**。
bié ná le, chú le huó dòng qū, qí tā dì fāng bù kě yǐ pāi zhào

杰明： 你怎么知道不可以？
nǐ zěn me zhī dào bù kě yǐ

苏飞： 你买票的时候，我去问了这里的**工作人员**。他们说为了保护兵马俑，只能在**活动区**拍照，而且拍照不能开**闪光灯**。
nǐ mǎi piào de shí hòu, wǒ qù wèn le zhè lǐ de gōng zuò rén yuán. tā men shuō wèi le bǎo hù bīng mǎ yǒng, zhǐ néng zài huó dòng qū pāi zhào, ér qiě pāi zhào bù néng kāi shǎn guāng dēng

杰明： 好吧，那就不带照相机了，**远距离**拍也没意思！
hǎo ba, nà jiù bú dài zhào xiàng jī le, yuǎn jù lí pāi yě méi yì si

苏飞： 咱们快进去吧。
zán men kuài jìn qù ba

进入博物馆...

杰明：这里真**壮观**！这些兵马俑很高大。你看，有站着的，有跪着的，还有战马和战车！

苏飞：你知道吗？这里的兵马俑都是**当年**士兵们真实的样子。

杰明：是啊！都过去两千多年了，看着他们，让我觉得，那时候**当兵**一定很苦！

苏飞：当然了，秦始皇是有名的**暴君**。他虽然统一了中国，但是大家都**恨**他。

杰明：我听说，当时秦始皇**本来**打算让这些士兵跟着他一起**殉葬**。

苏飞：对！可是，有**大臣**告诉他，这么做只会让更多的人恨他，所以他**放弃**了。

杰明：而且，当时的**政治**很乱，国家非常**需要**士兵的保护。

苏飞：是啊！只是，虽然他没有让士兵**殉葬**，却让所有的**嫔妃殉葬**了。

杰明：什么？这太**残忍**了！

苏飞：没错！那些嫔妃都是年轻漂亮的女人，**至少**有一百人。

杰明：她们都是他的**妻子**呀，他怎么**忍心**杀了她们？

苏飞：别忘了，秦始皇是真正的暴君！这种人没有心。

Key Vocabulary

博物馆 bó wù guǎn	n.	museum		进一步 jìn yí bù	adv. v.	further to go a step further
精彩 jīng cǎi	adj.	fascinating		照相机 zhào xiàng jī	n.	camera
除了 chú le	pre.	except		拍照 pāi zhào	v.	to take a photo
活动区 huó dòng qū	n.	activity area		闪光灯 shǎn guāng dēng	n.	camera flash
工作人员 gōng zuò rén yuán	n.	working staff		距离 jù lí	n.	distance
壮观 zhuàng guān	adj.	spectacular		当年 dāng nián	n.	at the time
恨 hèn	v.	to hate		放弃 fàng qì	v.	to give up
残忍 cán rěn	adj.	cruel		忍心 rěn xīn	v.	to bear
本来 běn lái	adv.	originally		至少 zhì shǎo	adv.	at least
妻子 qī zi	n.	wife		真实 zhēn shí	adj.	real *(true)*
暴君 bào jūn	n.	tyrant		真正 zhēn zhèng	adj.	real *(genuine)*; truly
没意思 méi yì si	phr.	pointless		虽然… suī rán 却… què		although… but…

Culture Corner

殉葬 (xùn zàng) was the practice of killing people in order to bury them with the emperor and was a part of an emperor's burial ceremony throughout some dyansties in ancient China.

English Version

Jamie: Ah! This is the **Museum** of the Terracotta Warriors, I'm so excited!

Su Fei: Me too! This trip to Xi'an can help us to **further** understand the history of the state of Qin.

Jamie: Of course! The story of the Terracotta Warriors is **fascinating**! These are our tickets. I will get the **camera**.

Su Fei: Don't bother. You can't **take photos** in other places **except** the activity area.

Jamie: How do you know?

Su Fei: When you were buying the tickets, I asked the **working staff** here. They said in order to protect the terracotta warriors here, we can only take photos in the **activity area**, and no **flash** photography.

Jamie: Okay, then let's not bring the camera. It's pointless to take photos from **far distance** anyway!

Su Fei: Let's just get in quickly.

Entering the museum...

Jamie: This is **spectacular**! These terracotta warriors are very tall. You see, some are standing, some are kneeling, there are horses and chariots!

Su Fei: Do you know, the terracotta warriors here are the appearances of real soldiers **at the time**?

Jamie: Indeed! It's been more than two thousand years. Looking at them, I assume it must be very harsh **to be a soldier** at that time!

Su Fei: Of course, (Emperor) Qin Shi Huang was a famous **tyrant**. Although he unified China, everyone **hated** him.

Jamie: I heard Qin Shi Huang **originally** planned to **kill** these soldiers **to bury** with him.

Su Fei: Yes! However, some **ministers** told him this would only make more people hate him, so he **gave up**.

Jamie: Moreover, the **political situation** at that time was very chaotic, and the state badly **needed** the protection of soldiers.

Su Fei: Indeed! However, although he did not **kill** the soldiers, he **killed all his concubines.**

Jamie: What? This is so **cruel**!

Su Fei: Yes! Those concubines were young and beautiful women, **at least** a hundred in total.

Jamie: They were all his **wives**. **How could** he **bear** to kill them?

Su Fei: Don't forget, the emperor was a true tyrant! Such a man had no heart.

13 爱 上 成 都
ài shàng chéng dū
IN LOVE WITH CHENGDU

杰明：今天早上我们还在西安，现在就已经到成都了。
　　　jīn tiān zǎo shàng wǒ men hái zài xī ān　xiàn zài jiù yǐ jīng dào chéng dū le

苏飞：怎么了？你不**习惯**吗？
　　　zěn me le　nǐ bù xí guàn ma

杰明：没有，我只是没想到，从西安坐**高铁**到成都才三
　　　méi yǒu　wǒ zhǐ shì méi xiǎng dào　cóng xī ān zuò gāo tiě dào chéng dū cái sān
个半小时。
gè bàn xiǎo shí

苏飞：是啊！七百多**公里**的距离不到半天就到了。高铁
　　　shì a　qī bǎi duō gōng lǐ de jù lí bú dào bàn tiān jiù dào le　gāo tiě
的**速度**超快！
de sù dù chāo kuài

杰明：我发现，我来中国以后都没有坐过火车。**要么**坐
　　　wǒ fā xiàn　wǒ lái zhōng guó yǐ hòu dōu méi yǒu zuò guò huǒ chē　yào me zuò
高铁，**要么**坐飞机！
gāo tiě　yào me zuò fēi jī

苏飞：其实，这些年，中国的变化很大，特别是大城市，
　　　qí shí　zhè xiē nián zhōng guó de biàn huà hěn dà　tè bié shì dà chéng shì
交通很**先进**、**发达**。
jiāo tōng hěn xiān jìn　fā dá

杰明：不错！比许多**欧美国家**发达多了。
　　　bú cuò　bǐ xǔ duō ōu měi guó jiā fā dá duō le

苏飞：你看，这就是锦里古街，真的好漂亮！
　　　nǐ kàn　zhè jiù shì jǐn lǐ gǔ jiē　zhēn de hǎo piào liang

杰明：是啊！门前挂了很多**红灯笼**，就像**龙**的眼睛一样！

苏飞：李丽告诉过我，这里的**夜景**最**迷人**！我们进去吧。

杰明：这条古街真的太美了！你看，这是**三国茶园**，门口这两个人穿的是什么衣服？

苏飞：这是**川剧**表演穿的戏服。北京有**京剧**，四川有川剧。你忘了吗？

杰明：没有忘！只是，我从来没有看过川剧，听说**川剧变脸**是最出名的。

苏飞：我早就**猜**到你一定会想看，所以已经买了票。表演九点开始，你喜欢这个**惊喜**吗？

杰明：超喜欢，还是你最**了解**我！对了，你以前看过川剧变脸吗？

苏飞：看过，真是**百看不厌**！

杰明：什么是"百看不厌"？

苏飞：意思就是：看了一百次，也不会觉得**厌烦**。

杰明：我喜欢这个**成语**！就像这里的美景，**百看不厌**；这里的美食，**百吃不厌**！

苏飞：哇！这个词造得好，你真是越来越**厉害**了！

杰明：**过奖**！你看，那边的**摊子**在卖什么？

苏飞：那是**糖人**！是这里的**传统**小吃。我去买两份，我们一起**尝一尝**。

杰明：好的！我现在觉得已经**爱上**成都了！前面好像有一家书院，在卖**书法**作品和山水画，我想进去看一看。

苏飞：我想先去那家**丝绸**店，那里的**旗袍**和围巾特别漂亮。

杰明：好吧。我们就先去丝绸店，再去书院！

Culture Corner

Public transportation in China is very developed. These days modern high-speed trains connect big cities across the country and metro networks are increasingly commonplace for intracity travel. Traveling in China, no matter inter or intracity, near or far, is also typically very low cost.

Key Vocabulary

高铁 gāo tiě	n.	high-speed train		公里 gōng lǐ	n.	kilometer
速度 sù dù	n.	speed		先进 xiān jìn	adj.	advanced
发达 fā dá	adj.	developed		灯笼 dēng lóng	n.	lantern
龙 lóng	n.	dragon		迷人 mí rén	adj.	charming
惊喜 jīng xǐ	n.	surprise		了解 liǎo jiě	v.	to know well
成语 chéng yǔ	n.	Chinese idiom		摊子 tān zi	n.	stall
爱上 ài shàng	v.	to fall in love with		丝绸 sī chóu	n.	silk
书法 shū fǎ	n.	calligraphy		旗袍 qí páo	n.	cheongsam (dress)
欧美国家 ōu měi guó jiā		European and American countries		夜景 yè jǐng	n.	evening scenery
小吃 xiǎo chī	n.	snacks; street food		美景 měi jǐng	n.	beautiful scenery
半天 bàn tiān	n.	half a day		传统 chuán tǒng	n.	tradition
厌烦 yàn fán	v.	to be tired of; fed up		川剧 chuān jù	n.	Sichuan opera
百看不厌 bǎi kàn bú yàn	idiom	never get tired of watching		京剧 jīng jù	n.	Peking Opera
百吃不厌 bǎi chī bú yàn	phr.	never get tired of eating		古街 gǔ jiē	n.	ancient street; historic street

English Version

Jamie: We were still in Xi'an this morning, and now we have arrived in Chengdu.

Su Fei: So what? Are you not **used to** it?

Jamie: No, I just didn't expect it would only take three and a half hours on the **high-speed train** from Xi'an to Chengdu.

Su Fei: Indeed! The journey of more than 700 **kilometers** was done in less than half a day. The **speed** of the high-speed train is super fast!

Jamie: I noticed I have never taken normal trains since coming to China. **Either** traveled by high-speed train **or** airplane!

Su Fei: Actually, China has changed a lot in recent years, especially in big cities, transportation is very **advanced** and **developed**.

Jamie: Very true! Even more developed than many **European and American countries**.

Su Fei: Look, this is Jinli Ancient Street, so beautiful!

Jamie: Indeed! So many red **lanterns** hanging in front of the door, just like the eyes of a **dragon**!

Su Fei: Li Li told me that the **night scene** in Jinli is the most **charming**! Let's go in.

Jamie: This is really amazing! You see, this is the **Three Kingdoms Tea Garden**. What clothes are these two people wearing at the door?

Su Fei: This is the costume worn by **Sichuan Opera**. Beijing has **Beijing Opera** and Sichuan has Sichuan Opera. Did you forget it?

Jamie: No, It's just I've never watched Sichuan Opera. I heard that **Sichuan Opera Face Changing** is the most famous.

Su Fei: I **guessed** you would want to see it, so I already bought the tickets. The show starts at nine o'clock, do you like this **surprise**?

Jamie: I really love it, you **know** me the best! By the way, have you ever watched Sichuan Opera Face Changing before?

Su Fei: Yes I've seen it, "**Bai Kan Bu Yan**" (**never get tired of watching**)!

Jamie: What is "Bai Kan Bu Yan"?

Su Fei: It means: you don't get **fed up** after watching it a hundred times.

Jamie: I like this **idiom**! Just like the beautiful scenery here, "**Bai Kan Bu Yan**" (will never get tired of watching); and the food here, "**Bai Chi Bu Yan**" (never get tired of eating)!

Su Fei: Wow! This phrase is perfectly created, you are getting more **amazing** in Chinese!

Jamie: Thanks for the compliment! Look, what is the **stall** selling over there?

Su Fei: That's **sugar man sweets**! It is a **traditional** snack here. I'll buy two, let's **have a try** them together.

Jamie: Okay! I feel I have **fallen in love with** Chengdu now! There seems to be a shop in front of it, selling **calligraphy** and landscape paintings. I want to go and have a look.

Su Fei: I want to go to that **silk** shop first, the **cheongsam** (Qipao) and scarves are very beautiful.

Jamie: Okay. Let's go to the silk shop first, and then to the calligraphy shop!

14

火锅狂魔
huǒ guō kuáng mó

THE HOT POT DEMON

服务员：**欢 迎 光 临**！请 问 是 几 位？
　　　　huān yíng guāng lín　qǐng wèn shì jǐ wèi

苏飞：　就 我 们 两 个。已 经 提 前 在 网 上 **付款** 了，这 是 **付**
　　　　jiù wǒ men liǎng gè　yǐ jīng tí qián zài wǎng shàng fù kuǎn le　zhè shì fù
　　　　款码。
　　　　kuǎn mǎ

服务员：好 的，两 位 请 进！喜 欢 坐 **靠窗** 的 座 位 吗？
　　　　hǎo de　liǎng wèi qǐng jìn　xǐ huān zuò kào chuāng de zuò wèi ma

杰明：　可 以！谢 谢 你。
　　　　kě yǐ　xiè xie nǐ

服务员：不 用 谢！这 是 **菜单**。请 问 你 们 要 哪 种 **火锅**？
　　　　bú yòng xiè　zhè shì cài dān　qǐng wèn nǐ men yào nǎ zhǒng huǒ guō

苏飞：　我 们 都 喜 欢 吃 **辣**，所 以 要 **正宗** 的 " 四 川 麻 辣 火
　　　　wǒ men dōu xǐ huān chī là　suǒ yǐ yào zhèng zōng de　sì chuān má là huǒ
　　　　锅 "。
　　　　guō

服务员：好 的。请 问 要 什 么 **饮料**？
　　　　hǎo de　qǐng wèn yào shén me yǐn liào

杰明：　一 瓶 啤 酒 和 一 瓶 可 乐。
　　　　yì píng pí jiǔ hé yì píng kě lè

服务员：好 的，**请稍等**。
　　　　hǎo de　qǐng shāo děng

73

5分钟后...
fēn zhōng hòu

服务员：你们好！这锅里有鱼片、牛肉片、土豆片、豆腐和
nǐ men hǎo　zhè guō lǐ yǒu yú piàn　niú ròu piàn　tǔ dòu piàn　dòu fu hé
西兰花，**麻辣调料**也放进去了。现在你们可以**开**
xī lán huā　má là tiáo liào　yě fàng jìn qù le　xiàn zài nǐ men kě yǐ kāi
火煮了。开关在桌子下面。
huǒ zhǔ le　kāi guān zài zhuō zi xià miàn

杰明：其他菜在哪里加？
qí tā cài zài nǎ lǐ jiā

服务员：就在前面。你们**随时**都可以去加菜，想吃什么就
jiù zài qián miàn　nǐ men suí shí dōu kě yǐ qù jiā cài　xiǎng chī shén me jiù
加什么。
jiā shén me

杰明：谢谢你！
xiè xie nǐ

服务员：不用谢！两位**慢用**！
bú yòng xiè　liǎng wèi màn yòng

苏飞：现在就开大火，马上就可以吃了！
xiàn zài jiù kāi dà huǒ　mǎ shàng jiù kě yǐ chī le

杰明：哇！真是又香又**辣**！我最喜欢这红油的颜色和
wā　zhēn shì yòu xiāng yòu là　wǒ zuì xǐ huān zhè hóng yóu de yán sè hé
味道！
wèi dào

苏飞：我也**好久**没吃火锅了，今天一定要**大吃一顿**！
wǒ yě hǎo jiǔ méi chī huǒ guō le　jīn tiān yí dìng yào dà chī yí dùn

杰明：你总是说我是**吃货**，我看，你也是！
nǐ zǒng shì shuō wǒ shì chī huò　wǒ kàn　nǐ yě shì

苏飞：在火锅里，满满的全是火红的**诱惑**！即使不是吃
zài huǒ guō lǐ　mǎn mǎn de quán shì huǒ hóng de yòu huò　jí shǐ bú shì chī
货，也会变成吃货！
huò　yě huì biàn chéng chī huò

一个小时后...
yí gè xiǎo shí hòu

杰明：天啊！我的肚子快吃**撑**了！可是我还想再吃。
tiān ā　wǒ de dù zi kuài chī chēng le　kě shì wǒ hái xiǎng zài chī

苏飞：你真是**饭桶**。
nǐ zhēn shì fàn tǒng

杰明：错！不是饭桶，是**火锅桶**！
cuò　bú shì fàn tǒng　shì huǒ guō tǒng

苏飞：厉害！你又**发明**了个新词！觉得辣不辣？
　　　lì hai　nǐ yòu fā míng le gè xīn cí　jué de là bu là

杰明：辣！可是，你知道吗？辣得太**爽**了，特别是当眼
　　　là　kě shì　nǐ zhī dào ma　là de tài shuǎng le　tè bié shì dāng yǎn
　　　泪被辣出来的时候，感觉**最完美**！
　　　lèi bèi là chū lái de shí hòu　gǎn jué zuì wán měi

苏飞：我看，你快变成**火锅狂魔**了！吃了那么多，小心
　　　wǒ kàn　nǐ kuài biàn chéng huǒ guō kuáng mó le　chī le nà me duō　xiǎo xīn
　　　拉肚子！
　　　lā dù zi

杰明：没关系，就算拉肚子，也**值得**！
　　　méi guān xi　jiù suàn lā dù zi　yě zhí dé

Learning Tip

kuáng mó
狂 魔 literally means "crazy demon," it is a colloquial term used to refer to someone being practically obsessed with something. For example, in this story Su Fei says that Jamie is becoming a "hot pot demon" because he seems to be becoming obsessed with eating hot pot.

fàn tǒng
饭 桶 is slang that literally means "rice bucket." As rice is a staple food in China, a "rice bucket" is used to describe someone who always eats a lot, otherwise known as a "foodie."

Key Vocabulary

付款 fù kuǎn	v.	to make payment	火锅 huǒ guō	n.	hotpot
辣 là	adj.	spicy	正宗 zhèngzōng	adj.	authentic
饮料 yǐn liào	n.	drinks	开火 kāi huǒ	phr.	to turn on (a stove, oven, etc.)
调料 tiáo liào	n.	seasoning	慢用 màn yòng		enjoy (use slowly)
随时 suí shí	adv.	anytime	好久 hǎo jiǔ	n.	long time
诱惑 yòu huò	n. / v.	temptation / to tempt	撑 chēng	adj.	full
饭桶 fàn tǒng	n.	foodie	爽 shuǎng	adj.	amazing (feeling)
完美 wán měi	adj.	perfect	拉肚子 lā dù zi	phr.	to have diarrhea/bad stomach
发明 fā míng	v.	to invent	值得 zhí dé	v.	to be worth; to deserve
欢迎 huān yíng	v.	to welcome	麻辣 má là	adj.	spicy and numbing
光临 guāng lín	v.	to visit; to patronise	大吃一顿 dà chī yí dùn	phr.	to have a big meal
菜单 cài dān	n.	menu	即使…也… jí shǐ … yě …		even if… still…
稍等 shāo děng	phr.	please wait a moment	当…的时候 dāng … de shí hòu		when…; at the time when…

English Version

Waiter: Welcome! How many of you in total?

Su Fei: Just the two of us. The **payment** has been made online in advance. This is the **payment code**.

Waiter: Okay, please come in! Would you like to sit by the window?

Jamie: Yes! thank you.

Waiter: You're welcome! This is the **menu**. What kind of **hot pot** do you want?

Su Fei: We all like **spicy** food, so we want **authentic** "Sichuan spicy hot pot".

Waiter: Okay. What **drinks** do you want?

Jamie: A bottle of beer and a bottle of Coke.

Waiter: Okay, **please wait a moment**.

5 minutes later...

Waitress: Hello! There are fish fillets, beef fillets, potatoes, tofu, and broccoli in this pot, with **spicy seasoning** inside. Now you can **turn on the fire**. The switch is under the table.

Jamie: Where can I add **other** dishes?

Waitress: Right in front. You can add dishes **anytime**, add whatever you like.

Jamie: Thank you!

Waitress: You're welcome! **May you enjoy it**!

Su Fei: Now let's turn on the fire, we will be able to eat soon!

Jamie: Wow! It smells so nice and **spicy**! I like the color and taste of this red oil most!

Su Fei: I haven't eaten hot pot for a **long time**. I am **ready for a big meal** today!

Jamie: You always say that I am a **foodie**, I think you are too!

Su Fei: The hot pot is full of fiery **temptations**! Even if you are not a foodie, you will become a foodie!

After an hour...

Jamie: Oh my god! My stomach is almost **full**! But I still want to eat more.

Su Fei: You are really a **rice bucket (foodie)**.

Jamie: Wrong! Not a rice bucket, but a **hot pot bucket**!

Su Fei: Wonderful! You **invented** another new phrase! Is it spicy?

Jamie: Yes! But, you know what? It feels so **amazing**, especially when it drives out the tears, it feels just **perfect**!

Su Fei: I think you are about to become a **hot pot demon**! You ate so much, be careful of a **bad stomach**!

Jamie: It's okay, even if I do, it's **worth** it!

15 别买绿帽子
bié mǎi lǜ mào zi
Don't Buy a Green Hat

张云：最近工作还顺利吗？
　　　zuì jìn gōng zuò hái shùn lì ma

杰明：还算顺利。部门的事挺多的，有时候，**压力**有点
　　　hái suàn shùn lì　　bù mén de shì tǐng duō de　　yǒu shí hòu　　yā lì yǒu diǎn
　　　儿大。
　　　ér dà

张云：我听说你们部门在忙一个大**合同**，所以最近**工**
　　　wǒ tīng shuō nǐ men bù mén zài máng yí gè dà hé tong　suǒ yǐ zuì jìn gōng
　　　作量很大。
　　　zuò liàng hěn dà

杰明：是啊！这几个星期也经常开会，每次开会**至少**开
　　　shì ā　zhè jǐ gè xīng qī yě jīng cháng kāi huì　měi cì kāi huì zhì shǎo kāi
　　　两个小时。
　　　liǎng gè xiǎo shí

张云：哇！这时间也太长了吧，是谁**主持**会议？
　　　wā　zhè shí jiān yě tài cháng le ba　shì shéi zhǔ chí huì yì

杰明：是部门**主管**，她是个很**严肃**的人，做什么都很**严**
　　　shì bù mén zhǔ guǎn　tā shì gè hěn yán sù de rén　zuò shén me dōu hěn yán
　　　格。
　　　gé

张云：我们的部门主管就不是这样的。他是个很**随便**
　　　wǒ men de bù mén zhǔ guǎn jiù bú shì zhè yàng de　　tā shì gè hěn suí biàn
　　　的人，也很**幽默**。我们经常在办公室**说说笑笑**，
　　　de rén　yě hěn yōu mò　　wǒ men jīng cháng zài bàn gōng shì shuō shuō xiào xiào

79

感觉很轻松。
gǎn jué hěn qīng sōng

杰明：难怪，我经过你们部门的时候，经常听到**笑声**。
nán guài, wǒ jīng guò nǐ men bù mén de shí hòu, jīng cháng tīng dào xiào shēng
你真**幸运**！和你比起来，我感觉快**累成狗**了！
nǐ zhēn xìng yùn! hé nǐ bǐ qǐ lái, wǒ gǎn jué kuài lèi chéng gǒu le

张云：你说话真**地道**，而且越来越幽默，快成**中国通**了！
nǐ shuō huà zhēn dì dào, ér qiě yuè lái yuè yōu mò, kuài chéng zhōng guó tōng le

杰明：**过奖过奖**！我还要继续加油！
guò jiǎng guò jiǎng! wǒ hái yào jì xù jiā yóu

张云：对了，你还记得王大伟吗？
duì le, nǐ hái jì de wáng dà wěi ma

杰明：记得，我在香港**出差**的时候见过他，怎么了？
jì de, wǒ zài xiāng gǎng chū chāi de shí hòu jiàn guò tā, zěn me le

张云：他被**调**回上海工作了。下周五我们有个欢迎他的**聚会**，你参加不参加？
tā bèi diào huí shàng hǎi gōng zuò le. xià zhōu wǔ wǒ men yǒu gè huān yíng tā de jù huì, nǐ cān jiā bù cān jiā

杰明：太好了！我当然参加。在香港的时候，他帮了我很多。我想**准备**个礼物送给他。
tài hǎo le! wǒ dāng rán cān jiā. zài xiāng gǎng de shí hòu, tā bāng le wǒ hěn duō. wǒ xiǎng zhǔn bèi gè lǐ wù sòng gěi tā

张云：你打算送他什么？
nǐ dǎ suàn sòng tā shén me

杰明：我想买一顶帽子送给他。他说过最喜欢绿色，我可以买一顶绿色的帽子。你觉得怎么样啊？
wǒ xiǎng mǎi yì dǐng mào zi sòng gěi tā. tā shuō guò zuì xǐ huān lǜ sè, wǒ kě yǐ mǎi yì dǐng lǜ sè de mào zi. nǐ jué de zěn me yàng a

张云：天啊！别买绿帽子！你要是买了，他不仅会被你**气死**，也会被同事们笑死。
tiān a! bié mǎi lǜ mào zi! nǐ yào shì mǎi le, tā bù jǐn huì bèi nǐ qì sǐ, yě huì bèi tóng shì men xiào sǐ

杰明：啊？为什么？
a? wèi shén me

张云："戴绿帽子"是中文的**俗语**，有"被伴侣背叛"的意思。所以，在中国，送绿帽子是**禁忌**，特别是对男生！
dài lǜ mào zi shì zhōng wén de sú yǔ, yǒu bèi bàn lǚ bèi pàn de yì si. suǒ yǐ, zài zhōng guó, sòng lǜ mào zi shì jìn jì, tè bié shì duì nán shēng

杰明：**原来如此**！幸亏你告诉我，不然就**糟糕**了。

张云：是啊！**而且**，因为这个，**即使**你想买绿帽子，在市场上也很难买到。

杰明：还是买红帽子吧，红色在中国是幸运色，**最安全**！

Culture Corner

As explained in the conversation - never give a "green hat" to Chinese people, especially men, as it is taboo. Also, be careful never to wear a green hat in China, as you might be laughed at!

The phrase 戴绿帽子 (dài lǜ mào zi) (to wear a green hat) sounds the same as "cuckold" in Chinese. There are different stories regarding the origin of this meaning. One story is that in ancient China, a married woman who was having an affair would give her husband a green hat to wear each time he would travel away on business. This was a sign to her neighbor, with whom she was having an affair, that her husband would be out of town.

Key Vocabulary

压力 yā lì	n.	pressure		合同 hé tong	n.	contract
工作量 gōng zuò liàng	n.	workload		至少 zhì shǎo	adv.	at least
主持 zhǔ chí	v.	to preside; to chair a meeting		主管 zhǔ guǎn	n.	department head
严肃 yán sù	adj.	serious (attitude)		严格 yán gé	adj.	strict
随便 suí biàn	adj.	casual		幽默 yōu mò	adj.	humorous
幸运 xìng yùn	adj.	lucky		地道 dì dào	adj.	authentic
中国通 zhōng guó tōng	n.	China expert		俗语 sú yǔ	n.	colloquialism
调 diào	v.	to transfer		禁忌 jìn jì	n.	taboo
原来如此 yuán lái rú cǐ	phr.	"I see" (that's why)		糟糕 zāo gāo	adj.	terrible
即使 jí shǐ	conj.	even if		安全 ān quán	adj.	safe
聚会 jù huì	n.	gathering; party		累成狗 lèi chéng gǒu	slang	extremely tired (as tired as dog)
准备 zhǔn bèi	v.	to prepare		不仅… bù jǐn 也… yě		not only… also…
说说笑笑 shuō shuō xiào xiào	phr.	chatting and laughing		和… hé 比起来… bǐ qǐ lái		compared with…

English Version

Zhang Yun: How has your work been recently?

Jamie: It's going well. There are just many things going on in the department, and sometimes I feel a bit **pressured**.

Zhang Yun: I heard your department is working on a big **contract**, so the **workload** has been a lot recently.

Jamie: Yes! In the past few weeks, there have been frequent meetings, and each meeting lasts **at least** two hours.

Zhang Yun: Wow! This is too long. So, who **presided** over the meeting?

Jamie: The **head** of the department. She is a very **serious** person and **strict** in everything she does.

Zhang Yun: Our department head is not like that. He is very **casual** and **humorous**. We often **talk and laugh** in the office, it's very relaxing.

Jamie: No wonder, I often heard **laughter** when I walked past your department. **Lucky** you! Compared to you, I feel **extremely tired** (as tired as a dog)!

Zhang Yun: You speak so **authentically**, and are getting more and more humorous. You will soon become a **China expert**!

Jamie: Thanks for the compliment! I need to continue to be better!

Zhang Yun: By the way, do you remember Wang Dawei?

Jamie: Yes, I met him when I was on a **business trip** in Hong Kong, what happened?

Zhang Yun: He just got **transferred** back to Shanghai to work. We will have a **party** to welcome him next Friday. Will you attend?

Jamie: That's great! Of course I will. He helped me a lot when I was in Hong Kong. I **prepare to** give a gift to him.

Zhang Yun: What kind of gift?

Jamie: I want to buy a hat for him. He said that he likes green the most. I can buy a green hat. What do you think?

Zhang Yun: Oh my god! Don't buy green hats! If you buy it, he will not only be **mad** (angry to death) at you, but also laughed at by colleagues.

Jamie: Huh? why?

Zhang Yun: "Wear green hat" is a Chinese **colloquialism**, it means 'betrayed by a partner". That's why in China, giving green hats is a **taboo**, especially for guys!

Jamie: I see! Thank you for telling me, otherwise it would have been **terrible**.

Zhang Yun: Yes! **Moreover**, because of this, **even if** you want to buy a green hat, it is very hard to buy in the market.

Jamie: Let me buy a red hat. Red is the lucky color in China and the **safest**!

16 抖音太火了
dǒu yīn tài huǒ le
THE HOT TIKTOK

杰明：你刚刚在和谁打电话？为什么笑得那么**大声**？
　　　nǐ gānggāng zài hé shéi dǎ diàn huà　wèi shén me xiào de nà me dà shēng

苏飞：哦，我是在跟我**外婆**打电话。
　　　ò　wǒ shì zài gēn wǒ wài pó dǎ diàn huà

杰明：你们**一直**在笑，是不是她跟你讲**笑话**了？
　　　nǐ men yì zhí zài xiào　shì bu shì tā gēn nǐ jiǎng xiào huà le

苏飞：没有。她跟我讲**抖音**上那些**搞笑**的短**视频**。她最
　　　méi yǒu　tā gēn wǒ jiǎng dǒu yīn shàng nà xiē gǎo xiào de duǎn shì pín　tā zuì
　　　近在玩抖音，玩得像个小孩子！
　　　jìn zài wán dǒu yīn　wán de xiàng gè xiǎo hái zi

杰明：**老年人**也喜欢玩抖音吗？
　　　lǎo nián rén yě xǐ huān wán dǒu yīn ma

苏飞：当然了！现在抖音太**火**了！不管是年轻人、老年
　　　dāng rán le　xiàn zài dǒu yīn tài huǒ le　bù guǎn shì nián qīng rén　lǎo nián
　　　人，都喜欢玩。
　　　rén　dōu xǐ huān wán

杰明：**其实**，我的很多同事也在玩，还建议我也**下载**。
　　　qí shí　wǒ de hěn duō tóng shì yě zài wán　hái jiàn yì wǒ yě xià zǎi

苏飞：我受朋友的**影响**，早就下载了。**确实**挺好玩的！
　　　wǒ shòu péng yǒu de yǐng xiǎng　zǎo jiù xià zǎi le　què shí tǐng hǎo wán de
　　　你要不要试试？
　　　nǐ yào bu yào shì shi

杰明：**算了吧**！我是**上班族**，没有时间玩这种东西。
　　　suàn le ba　wǒ shì shàng bān zú　méi yǒu shí jiān wán zhè zhǒng dōng xi

苏飞：你知道吗？抖音不仅在中国很火，在国外也很火。在**全世界**，抖音**用户**已经超过了一百多个国家，比如韩国、日本、印度、泰国、美国。

杰明：我很好奇，为什么抖音那么火？

苏飞：我觉得有两个**主要**原因。第一：21世纪是**互联网时代**，几乎每个人都用手机；第二，现代生活的社会**压力**很大，大家都想**找乐子**让自己开心。

杰明：你说得很有道理。只是，我觉得没必要**赶时髦**。

苏飞：是啊，有人赶时髦，也有人不赶时髦。但是，**几乎**每个人都天天玩手机！

杰明：不错，现在的生活都**离不开**手机了！特别是在中国，出门不用带**现金**，只用带手机。买东西用"微信"，打车用"滴滴出行"，坐地铁也是用手机直接**扫码**。

苏飞：我有个叔叔还**开玩笑**说：他**离得开**老婆，离得开孩子，但就是**离不开**手机。

杰明：看来，他应该跟手机**结婚**！

苏飞：没错！只是，手机**更新**得那么快，他恐怕得今年结婚，明年**离婚**！

Key Vocabulary

笑话 xiào huà	n.	joke		搞笑 gǎo xiào	adj.	funny	
视频 shì pín	n.	video		老年人 lǎo nián rén	n.	the elderly	
火 huǒ	adj. n.	popular fire		算了吧 suàn le ba	phr.	leave it	
上班族 shàng bān zú	n.	office worker		用户 yòng hù	n.	user	
互联网 hù lián wǎng	n.	internet		时代 shí dài	n.	era	
找乐子 zhǎo lè zi	phr.	look for fun		赶时髦 gǎn shí máo	phr.	to follow the trend	
现金 xiàn jīn	n.	cash		扫码 sǎo mǎ	v.	to scan (a barcode/QR code/etc.)	
结婚 jié hūn	v.	to marry		离婚 lí hūn	v.	to divorce	
开玩笑 kāi wán xiào	phr.	to joke		更新 gēng xīn	v.	to update	
离得开 lí de kāi	v.	can be without		离不开 lí bu kāi	v.	can't be without	

Culture Corner

dǒu yīn
抖音 known as TikTok in most of the western world, is one the fastest growing apps in China. The app, originally from China, provides a platform for sharing short format videos and is popular with all ages of the population in China.

English Version

Jamie: Who were you on the phone with just now? Why were you laughing so **loudly**?

Su Fei: Oh, It's my **grandmother** (from mother's side).

Jamie: You **kept** laughing so loudly. Did she tell you a **joke**?

Su Fei: No. She told me about those **funny** short **videos** on **TikTok**. She was playing on TikTok recently, just like a kid!

Jamie: Do the **elderly** like to play on TikTok too?

Su Fei: Of course! TikTok is too **popular** (on fire) now! Whether young or old, all like to play.

Jamie: Actually, many of my colleagues are also playing, they suggested I should **download** it to play too.

Su Fei: I was **influenced** by my friends, so I already downloaded it a while ago. It's **indeed** fun! Do you want to try?

Jamie: Leave it! I'm an **office worker** and don't have time to play this kind of stuff.

Su Fei: Do you know? TikTok is not only popular in China, but also abroad. In **the world,** Tiktok **users** are in over 100 countries, such as South Korea, Japan, India, Thailand, and the United States.

Jamie: I'm curious, why is TikTok so popular?

Su Fei: I think there are two **main** reasons. Firstly, the 21st century is the **internet era**, with almost everyone using mobile phones. Secondly, life in modern society is full of all sorts of **pressure**, everyone wants to **look for fun** to entertain themselves.

Jamie: It does make sense. However, I don't think it is necessary to **follow the trend**.

Su Fei: Yes, some people follow the trend, and some don't. However, **almost** everyone plays on phones every day!

Jamie: True, modern life is **inseparable from** phones! Especially in China, you don't need to bring **cash** when you go out, you only need to bring your phone. Using "WeChat"app to buy things, and "DiDi Travel" app to take a taxi, and just **scan the code** directly with the phone when taking the metro.

Su Fei: Yes! One of my uncles also **jokes**: He can **survive without** his wife and children, but he **cannot survive without** his phone.

Jamie: It seems that he should **marry** the phone!

Su Fei: Indeed! However, mobile phones are **updating** so fast, he may marry this year and **divorce** next year.

17 我的网络恋人
wǒ de wǎng luò liàn rén

MY E-LOVER

杰明： 大伟，你怎么看上去像只"**落汤鸡**"？
dà wěi nǐ zěn me kàn shàng qù xiàng zhī luò tāng jī

王大伟： 外面在下大雨，我刚刚出去没有带伞，所以全身都**湿**了。
wài miàn zài xià dà yǔ wǒ gānggāng chū qù méi yǒu dài sǎn suǒ yǐ quán shēn dōu shī le

杰明： 不过，你的头发看上去**好像**没湿。
bú guò nǐ de tóu fa kàn shàng qù hǎo xiàng méi shī

王大伟： 我**戴**了你送给我的红帽子，所以头发还是干的。
wǒ dài le nǐ sòng gěi wǒ de hóng mào zi suǒ yǐ tóu fa hái shì gān de

杰明： 这就好！对了，你习惯上海的生活吗？
zhè jiù hǎo duì le nǐ xí guàn shàng hǎi de shēng huó ma

王大伟： 还行吧，就是有点**孤单**。我在香港住了很多年，**多数**朋友也在香港。现在来上海，是一个新的开始，也是一个新的**挑战**。
hái xíng ba jiù shì yǒu diǎn gū dān wǒ zài xiānggǎng zhù le hěn duō nián duō shù péng yǒu yě zài xiānggǎng xiàn zài lái shàng hǎi shì yí gè xīn de kāi shǐ yě shì yí gè xīn de tiǎo zhàn

杰明： 那你在香港的女朋友呢？
nà nǐ zài xiānggǎng de nǚ péng yǒu ne

王大伟： **别提了**！她不同意我来上海工作，所以已经跟我**分手**了。
bié tí le tā bù tóng yì wǒ lái shàng hǎi gōng zuò suǒ yǐ yǐ jīng gēn wǒ fēn shǒu le

杰明： 唉！这太**可惜**了。

王大伟： 没什么可惜的。我对她本来就是**半认真**，现在分手也不会**伤心**。

杰明： 可是，我看你一直在微信上**聊天**，还以为你们**保持**着关系。

王大伟： 你错了！跟我聊天的是我的新女朋友！

杰明： 什么？你那么快就有新女朋友了？

王大伟： 别像只鸭子一样那么**吃惊**！我跟她是在**脸书**上认识的。她现在也**下载**了微信，聊天更方便了。

杰明： 你们见过面吗？

王大伟： 还没有！她在日本，不方便过来。我的工作也很忙，所以我们**暂时**不打算见面。

杰明： 我真不懂！**网络恋人**也算真正的恋人吗？

王大伟： 我觉得**谈恋爱**，开心最重要。**真的、假的**，一点儿也不重要。

杰明： 我**明白**你的意思，只是我自己还是不能接受**网恋**。

王大伟： **反正**我能接受。下个月是她的生日，我想准备一个**特别的**礼物送给她。

杰明： 你想准备什么礼物？

王大伟： 我打算在**网上**买九十九朵红玫瑰，**邮寄**到她家。

杰明： 这是个好主意！我觉得她一定会很喜欢。
　　　 zhè shì gè hǎo zhǔ yì　wǒ jué de tā yí dìng huì hěn xǐ huān

王大伟：我还在学唱一首歌，叫《月亮代表我的心》，虽
　　　 wǒ hái zài xué chàng yì shǒu gē jiào yuè liang dài biǎo wǒ de xīn suī
　　　 然是一首老歌，但是非常**浪漫**。
　　　 rán shì yì shǒu lǎo gē dàn shì fēi cháng làng màn

杰明： 你打算在月亮下，一边唱歌，一边**弹吉他**吗？
　　　 nǐ dǎ suàn zài yuè liang xià yì biān chàng gē yì biān tán jí tā ma

王大伟：当然！真是好**兄弟**，你果然**懂**我！
　　　 dāng rán zhēn shì hǎo xiōng dì nǐ guǒ rán dǒng wǒ

Culture Corner

Young adults in China are often under pressure to find a partner and get married. You'll see this more in the following dialogue as well.

Online dating and matchmaking in China is a steadily growing industry, generating billions in revenue through apps and services with millions of active users.

Key Vocabulary

湿 shī	adj.	wet	戴 dài	v.	to wear (accessories)
落汤鸡 luò tāng jī	slang	soaking wet (chicken)	多数 duō shù	n.	majority; most
孤单 gū dān	adj.	lonely	挑战 tiāo zhàn	n.	challenge
分手 fēn shǒu	v.	to break up	可惜 kě xī	adj.	pity; regrettable
半认真 bàn rèn zhēn	adj.	half serious	聊天 liáo tiān	v.	to chat
保持 bǎo chí	v.	to keep	吃惊 chī jīng	adj.	shocked
暂时 zàn shí	adv.	temporarily	接受 jiē shòu	v.	to accept
谈恋爱 tán liàn ài	phr.	to be in a relationship	网恋 wǎng liàn	n.	online dating
反正 fǎn zhèng	adv.	anyway	邮寄 yóu jì	v.	to post
浪漫 làng màn	adj.	romantic	懂 dǒng	v.	to understand
弹吉他 tán jí tā		play guitar	兄弟 xiōng dì	n.	bro; mate (friend)
关系 guān xi	n.	relationship; connection	那么 nà me	adv.	so; to that extent
老歌 lǎo gē	n.	old song	一点儿也不 yì diǎn'r yě bù		not at all
月亮 yuè liang	n.	moon	一边…一边… yì biān … yì biān …		indicate simultaneous actions

English Version

Jamie: Dawei, why do you look **soaking wet** (soaking wet chicken)?

Wang Dawei: It's raining heavily. I just went out without an umbrella, so my whole body is **wet**.

Jamie: But, your hair does not **seem to** look wet.

Wang Dawei: I **wore** the red hat you gave me, so my hair is still dry.

Jamie: That's good! By the way, are you used to life in Shanghai now?

Wang Dawei: It's okay, a bit **lonely** though. I have lived in Hong Kong for many years and **most of** my friends are also in Hong Kong. Coming to Shanghai now is a new beginning and a new **challenge**.

Jamie: What about your girlfriend in Hong Kong?

Wang Dawei: Don't mention it! She didn't agree with me coming to Shanghai to work, so already **broke up** with me.

Jamie: Oh! What a **pity**.

Wang Dawei: Not a pity at all. I was **half serious** about her anyway and now I am not **sad** with the break-up.

Jamie: But, I notice you have been **chatting** on WeChat, so I thought you were still **maintaining** the relationship.

Wang Dawei: You are wrong! It's my new girlfriend who is chatting with me!

Jamie: What? You already have a new girlfriend so soon?

Wang Dawei: Don't be so **shocked** like a duck! I met her on **Facebook**. She has also **downloaded** WeChat now, making it easier to chat.

Jamie: Have you met her?

Wang Dawei: Not yet! She is in Japan and it's not convenient to come here. My work is also very busy, so we do not plan to meet **for the time being**.

Jamie: I really don't understand! Are **e-lovers** (online lovers) also considered true lovers?

Wang Dawei: I think being happy is most important **in a relationship**. It doesn't matter at all whether it is **true** or **fake**.

Jamie: I **understand** what you mean, but I still can't accept **online dating**.

Wang Dawei: I can accept it **anyway**. Next month is her birthday, I want to prepare a **special** gift for her.

Jamie: What kind of gift?

Wang Dawei: I plan to buy 99 red roses **online** and **post** it to her home.

Jamie: This is a good idea! I think she will like it very much.

Wang Dawei: I am also learning to sing a song called *The Moon Represents My Heart*. Although it is an old song, it is very **romantic**.

Jamie: Are you planning to sing and **play the guitar** under the moon?

Wang Dawei: Of course! What a **good bro** (great mates), you truly **know** me!

18 大龄剩女
dà líng shèng nǚ
THE OLDER LEFTOVER WOMAN

苏飞：你怎么了？看上去有点儿不高兴。
　　　nǐ zěn me le kàn shàng qù yǒu diǎn ér bù gāo xìng

李丽：**说来话长**，我又跟我妈**吵架**了。
　　　shuō lái huà cháng wǒ yòu gēn wǒ mā chǎo jià le

苏飞：发生什么了？
　　　fā shēng shén me le

李丽：昨天晚上她给我打电话。我们**本来**聊得很开心，
　　　zuó tiān wǎn shàng tā gěi wǒ dǎ diàn huà wǒ men běn lái liáo de hěn kāi xīn
　　　可是她突然**提到**让我下周日去**相亲**。我跟她说
　　　kě shì tā tū rán tí dào ràng wǒ xià zhōu rì qù xiāng qīn wǒ gēn tā shuō
　　　我不想去，她就生气了。
　　　wǒ bù xiǎng qù tā jiù shēng qì le

苏飞：她为什么让你去相亲？
　　　tā wèi shén me ràng nǐ qù xiāng qīn

李丽：她**抱怨**我是"**大龄剩女**"，29岁了还没有男朋
　　　tā bào yuàn wǒ shì dà líng shèng nǚ suì le hái méi yǒu nán péng
　　　友。还说，她在我这个**年龄**的时候已经有两个孩
　　　yǒu hái shuō tā zài wǒ zhè gè nián líng de shí hòu yǐ jīng yǒu liǎng gè hái
　　　子了。
　　　zi le

苏飞：唉，你妈妈这个年龄的人**结婚**太早，而且总是认为
　　　āi nǐ mā ma zhè gè nián líng de rén jié hūn tài zǎo ér qiě zǒng shì rèn wéi
　　　结婚才是**人生**最重要的事。我的一些朋友也和
　　　jié hūn cái shì rén shēng zuì zhòng yào de shì wǒ de yì xiē péng yǒu yě hé

95

你一样，被父母**逼**着去相亲。

李丽：是啊，我告诉她，现在我们年轻人的**思想**和她们的不一样，可是她就是不听。

苏飞：她以前给你**安排**过相亲吗？

李丽：安排了**至少**三次！但是每次都**失败**了！

苏飞：为什么每次都失败了？

李丽：怎么说呢，三次相亲，见到的三个男生都不**合适**。

苏飞：我很**好奇**，那三个男生是哪里不合适？

李丽：第一个比我大8岁，我不能**接受**；第二个年龄和我一样，但是太胖了；第三个长得很帅，可是有**抽烟**喝酒的坏习惯。

苏飞：看来，你对男朋友的**要求**挺高的。

李丽：其实，我的要求不算高。只是，不知道为什么，总是遇不到喜欢的。

苏飞：那这次相亲，你真的不去吗？

李丽：怎么可能不去！如果不去，我妈只会更生气。她说这次的男生是她**同事**的儿子，各方面的条件都很好，让我一定要去。如果我不去，她会**没面子**。

苏飞：嗯，**既然**是你妈的同事，你最好不要**拒绝**。

李丽：是啊！为了她的"面子"，我只能**忍着**。

苏飞：你会带上你的小胖狗吗？
nǐ huì dài shàng nǐ de xiǎo pàng gǒu ma

李丽：当然！每次相亲，我都会带上小胖。**任何**男生都
dāng rán měi cì xiāng qīn wǒ dōu huì dài shàng xiǎo pàng rèn hé nán shēng dōu
得和小胖认识，只有小胖喜欢的男生，才有**机会**
děi hé xiǎo pàng rèn shi zhǐ yǒu xiǎo pàng xǐ huān de nán shēng cái yǒu jī huì
让我也喜欢。
ràng wǒ yě xǐ huān

苏飞：这么说，前三次的那些男生，小胖都不喜欢吗？
zhè me shuō qián sān cì de nà xiē nán shēng xiǎo pàng dōu bù xǐ huān ma

李丽：没错！
méi cuò

Culture Corner

In China, unmarried men and women are often referred to as 剩男剩女 (shèng nán shèng nǚ) (left-over men/women) when they pass the generally accepted age for getting married. For women, in particular, above 28 years old. They are often under immense pressure from their parents, who may even set them up on blind dates to find someone suitable for future marriage.

Attitudes toward dating and relationships in China are often more pragmatic than in many western countries, with less emphasis on seeking romance and more focus on finding a stable partner for marriage. For a man to have a car and house, for example, is considered a good sign that he has a stable career and can provide for his future wife and children. Attitudes are constantly shifting though and those of today's Chinese young adults typically differ from their parents.

Before their 20s, most young adults in China will not have extensive relationship experience owning to the pressure and emphasis on education before this time, particularly on passing the college entrance examination (高考 gāo kǎo).

Key Vocabulary

吵架 chǎo jià	v.	to quarrel	相亲 xiāng qīn	n. v.	blind date go on blind date(s)	
抱怨 bào yuàn	v.	to complain	年龄 nián líng	n.	age	
至少 zhì shǎo	adv.	at least	提到 tí dào	v.	to mention	
重要 zhòng yào	adj.	important	逼 bī	v.	to force	
思想 sī xiǎng	n.	thinking	失败 shī bài	v.	to fail	
人生 rén shēng	n.	life	接受 jiē shòu	v.	to accept	
合适 hé shì	adj.	suitable	好奇 hào qí	adj.	curious	
抽烟 chōu yān	v.	to smoke	同事 tóng shì	n.	colleague	
拒绝 jù jué	v.	to refuse	机会 jī huì	n.	chance	
安排 ān pái	v.	to arrange	既然 jì rán	conj.	since; as	
不算 bú suàn	v.	not really	任何 rèn hé	pro.	any; whatsoever	
要求 yāo qiú	n.	requirement	没面子 méi miàn zi	phr.	to lose face; be embarrassed	
挺高 tǐng gāo	adj.	quite high	只有… zhǐ yǒu… 才… cái…		only if… then…	

English Version

Su Fei: Are you alright? You look a little unhappy.

Li Li: **It's a long story**. I **quarreled** with my mum again.

Su Fei: What happened?

Li Li: She called me last night. We had a good chat **at the beginning**, but she suddenly **mentioned** to let me go on a **blind date** next Sunday. I told her I don't want to go, and she got angry.

Su Fei: Why did she ask you to go on a blind date?

Li Li: She **complained** I am an "**older leftover woman**" - still having no boyfriend at the age of 29. She said she already had two children at my **age**.

Su Fei: Well, people of your mother's age **got married** too early and always believe marriage is the most important thing in **life**. Some of my friends, just like you, were **forced** by their parents to go on blind dates.

Li Li: Indeed, I told her in modern days young people's **thinking** is different from theirs, but she just doesn't listen.

Su Fei: Did she **arrange** blind dates for you before?

Li Li: Yes, **at least** three times! But every time **failed**!

Su Fei: Why failed every time?

Li Li: How shall I put this - three blind dates, but all those three guys I met were not **suitable**.

Su Fei: I'm **curious**, why were those three guys unsuitable?

Li Li: The first one was 8 years older than me, I couldn't **accept**; the second was the same age as me, but he was too fat; the third was very handsome, but had bad habits of **smoking** and drinking.

Su Fei: It seems you have very high **standards** (requirements) for boyfriends.

Li Li: Actually, my standards are not high. It's just, I don't know why, I always struggle to meet someone I like.

Su Fei: Are you truly not going to this blind date though?

Li Li: How could I not! If I don't go, my mother will only be more angry. She said this time the guy is the son of her **colleague**, and has a great background, so I must go. If I don't go, she will **lose face**.

Su Fei: Well, **since** he is your mother's connection, you'd better not **refuse** it.

Li Li: Indeed! Only for the sake of her "face" can I **bear** it.

Su Fei: Will you bring your little dog Fatty?

Li Li: Of course! Every time I go on a blind date, I always bring Fatty. **Any** guy has to know Fatty, and only the one Fatty likes has a **chance** for me to like him.

Su Fei: So, didn't Fantie like the three guys before?

Li Li: Correct!

19 中秋节快乐
zhōng qiū jié kuài lè

HAPPY MID-AUTUMN FESTIVAL

苏飞：杰明，**中秋节快乐**！
jié míng zhōng qiū jié kuài lè

杰明：中秋节快乐！你看，我去超市买了好多不同**口味**
zhōng qiū jié kuài lè nǐ kàn wǒ qù chāo shì mǎi le hǎo duō bù tóng kǒu wèi
的**月饼**。
de yuè bǐng

苏飞：哇！有**红豆**的，**莲蓉**的，和各种水果味的，怎么买
wā yǒu hóng dòu de lián róng de hé gè zhǒng shuǐ guǒ wèi de zěn me mǎi
了那么多？公司发的月饼还没吃完呢。
le nà me duō gōng sī fā de yuè bǐng hái méi chī wán ne

杰明：这些月饼又好看又好吃，我想**邮寄**一些回英国给
zhè xiē yuè bǐng yòu hǎo kàn yòu hǎo chī wǒ xiǎng yóu jì yì xiē huí yīng guó gěi
我的**父母**。
wǒ de fù mǔ

苏飞：嗯，这个主意好！中秋节是中国的四大**传统**节
ng zhè gè zhǔ yì hǎo zhōng qiū jié shì zhōng guó de sì dà chuántǒng jié
日之一，月饼也是中国**著名**的点心。
rì zhī yī yuè bǐng yě shì zhōng guó zhù míng de diǎn xīn

杰明：你说的四大传统节日是指：**春节**，**清明节**，**端午**
nǐ shuō de sì dà chuántǒng jié rì shì zhǐ chūn jié qīngmíng jié duān wǔ
节和**中秋节**吗？
jié hé zhōng qiū jié ma

苏飞：对！而且，除了春节以外，中秋节是最重要的。
duì ér qiě chú le chūn jié yǐ wài zhōng qiū jié shì zuì zhòng yào de

中秋节是**丰收**的节日,也是**团圆**的日子,对中国人**意义**很深。

杰明:听上去有点像美国的**感恩节**!

苏飞:不错,是有一点儿像!

杰明:那为什么大家在中秋节喜欢吃月饼?

苏飞:因为中秋节是**农历**八月十五,这一天的月亮是最亮最圆的,圆圆的月饼就像圆圆的月亮。所以,中秋节也叫**月亮节**。

杰明:真有趣!我还看过中秋节的**传说"嫦娥奔月"**。嫦娥是一个非常漂亮的女人,她嫁给了叫后羿的**英雄**,他们过得很**幸福**。可是,后来,嫦娥不小心偷吃了仙药,竟然飞向了月亮,成为了**月神**!

苏飞:是啊!我小时候相信这是个**真实**的故事,喜欢一边吃月饼,一边看月亮,**总是**希望能看到嫦娥和她的小兔子。

杰明:那我们今天晚上也一起吃月饼,看月亮,好吗?

苏飞:当然了!今晚有**花灯会**,我也买了票。

杰明:太好了!我喜欢这个安排。这次中秋节放七天假,我们要**好好地玩儿**!

苏飞:还有,别忘了明天我们得去我父母家吃**团圆饭**。

Key Vocabulary

中秋节 zhōng qiū jié	n.	Mid-Autumn Festival	口味 kǒu wèi	n.	flavour
邮寄 yóu jì	v.	to post	感恩节 gǎn ēn jié	n.	Thanksgiving
农历 nóng lì	n.	lunar calendar	月神 yuè shén	n.	Moon Goddess
月饼 yuè bǐng	n.	mooncake	著名 zhù míng	adj.	famous
丰收 fēng shōu	n.	harvest	团圆 tuán yuán	n.	reunion
意义 yì yi	n.	meaning	月亮 yuè liang	n.	moon
传说 chuán shuō	n.	legend	英雄 yīng xióng	n	hero
幸福 xìng fú	adv. adj.	happily happy	真实 zhēn shí	adj.	true
花灯会 huā dēng huì	n.	lantern show	团圆饭 tuán yuán fàn	n.	reunion meal
竟然 jìng rán	adv.	unexpectedly; surprisingly	放假 fàng jià	v.	to have a holiday
总是 zǒng shì	adv.	always	点心 diǎn xīn	n.	dim sum; desserts

Culture Corner

zhōng qiū jié
中秋节 (Mid-Autumn Festival) is one of China's most important traditional festivals. Chinese people enjoy a 7-day public holiday during this time. It is the time for harvest and family reunion. Giving and eating mooncakes and having reunion meals are part of the traditional activities.

English Version

Su Fei: Jamie, **Happy Mid-Autumn Festival**!

Jamie: Happy Mid-Autumn Festival! You see, I went to the supermarket and bought many **mooncakes** of different **flavors**.

Su Fei: Wow! There are **red bean paste**, **lotus paste**, and various fruit flavors of mooncakes. Why did you buy so many? There are still a lot of mooncakes left given by our companies.

Jamie: These mooncakes are beautiful and delicious. I want to **post** some back to the UK to my **parents**.

Su Fei: Well, that's a good idea! The Mid-Autumn Festival is one of China's four **traditional** festivals, and mooncakes are also **famous** Chinese desserts.

Jamie: Are the four traditional festivals: **Spring Festival**, **Ching Ming Festival** (tomb sweeping day), **Dragon Boat Festival** and **Mid-Autumn Festival**?

Su Fei: Yes! Moreover, except the Spring Festival, the Mid-Autumn Festival is the most important. It is a festival of **harvest** and **reunion**, and has deep **meaning** for Chinese people.

Jamie: It sounds a bit like **Thanksgiving** in the United States!

Su Fei: Yeah, a bit like!

Jamie: Then why do people like to eat mooncakes on the festival?

Su Fei: Because the Mid-Autumn Festival falls on the fifteenth day of the eighth month in **Chinese lunar calendar**. The moon on this day is the brightest and roundest. The round mooncakes are like the round moon. Therefore, the Mid-Autumn Festival is also called the **Moon Festival**.

Jamie: That's interesting! I have also read the **legend** of the Mid-Autumn Festival "**Chang'e Flies to the Moon**". Chang'e was a very beautiful woman. She married a **hero** named Houyi and they lived a **happy** life. However, Chang'e ate the immortal pill by accident, then flew to the moon and became the **moon goddess**!

Su Fei: Yes! When I was a child, I believed this was a **true** story. I liked eating mooncakes and watching the moon, and **always** wished to see Chang'e and her little rabbit.

Jamie: Well, let's eat mooncakes together tonight and watch the moon, okay?

Su Fei: Of course! There is a **Lantern Show** tonight, I already bought tickets.

Jamie: That's great! I love this arrangement. This is a seven-day public holiday for the Festival, let's **have fun**!

Su Fei: Also, don't forget we will go to my parents' house for a **reunion meal** tomorrow.

20 我不是单身狗
wǒ bú shì dān shēn gǒu

I Am Not a Single Dog

杰明：亲爱的，怎么今天到处的商店都在**促销**？
qīn ài de zěn me jīn tiān dào chù de shāng diàn dōu zài cù xiāo

苏飞：你不知道吗？今天是十一月十一号，是"**双11**"。
nǐ bù zhī dào ma jīn tiān shì shí yī yuè shí yī hào shì shuāng

杰明：这很特别吗？
zhè hěn tè bié ma

苏飞：当然！"双11"就是中国的"**光棍节**"！
dāng rán shuāng jiù shì zhōng guó de guāng gùn jié

杰明：什么是"光棍节"？
shén me shì guāng gùn jié

苏飞："光棍节"是"**单身狗**"的节日，也是**一年一度**的
guāng gùn jié shì dān shēn gǒu de jié rì yě shì yì nián yí dù de
促销日，在这些年非常**流行**！
cù xiāo rì zài zhè xiē nián fēi cháng liú xíng

杰明：单身的人叫"**光棍**"，又叫"**单身狗**"，这太**搞笑**
dān shēn de rén jiào guāng gùn yòu jiào dān shēn gǒu zhè tài gǎo xiào
了！反正我不是单身狗！
le fǎn zhèng wǒ bú shì dān shēn gǒu

苏飞：不管是不是单身狗，大家都喜欢在今天买东
bù guǎn shì bu shì dān shēn gǒu dà jiā dōu xǐ huān zài jīn tiān mǎi dōng
西！因为，今天差不多全国的商店都有促销活
xi yīn wèi jīn tiān chà bu duō quán guó de shāng diàn dōu yǒu cù xiāo huó
动，**网购**更**疯狂**。这几年，光棍节已经**发展成**
dòng wǎng gòu gèng fēng kuáng zhè jǐ nián guāng gùn jié yǐ jīng fā zhǎn chéng

世界上最大的**网购节**。

杰明：难怪，我看新闻上**阿里巴巴**和**京东**几小时的**销售**都已经**达到**了几十亿美元！

苏飞：这个数字很正常。可怜的是那些**邮递员**，差不多每年这个时候都要**加班**，不少人还累晕了。

杰明：哇！听上去太**夸张**了！那你今天那么早起床玩手机，是在**抢购**吗？

苏飞：对啊！我在**京东**上买了一双鞋子，平时卖¥1000，今天才¥500；我还在**淘宝**上买了一条裙子，也是**半价**。

杰明：真不错！哦，大伟给我发**微信**了。

苏飞：谁是大伟？

杰明：是我的同事，我看看，他说他刚刚抢购了一个**马桶**，原价¥1699，今天才¥999；还问我要不要，他可以帮我抢购。

苏飞：**算了吧**，咱们家不缺马桶！

杰明：是啊，我现在就**回复**他不用了！

苏飞：对了，我还**预订**了今晚的**火锅**，也打了七折。

杰明：我差点儿忘了，是李丽跟我们一起吃吗？

苏飞：是啊！她是单身狗，每年都会在这个节日**大吃大喝**！**本来**她也打算把她的狗小胖带来，可是火锅店不让狗进。
diàn bú ràng gǒu jìn

杰明：真是太**可惜**了！
zhēn shì tài kě xī le

苏飞：为什么？
wèi shén me

杰明：因为，小胖才是**真正的**单身狗！
yīn wèi xiǎo pàng cái shì zhēn zhèng de dān shēn gǒu

Culture Corner

shuāng
双 11 (Double 11 Day) is also called Single's Day in China.

dān shēn gǒu　　　　　　　guāng gùn
单 身 狗 (single dog) or 光 棍 (bare stick) are both slang terms referring to a single person. This is a fairly new festival in modern China, and in recent years has become the world's biggest online shopping event.

Key Vocabulary

促销 cù xiāo	v.	to be on sale		双 11 shuāng	n.	Double 11 Day	
单身狗 dān shēn gǒu	slang	bachelor (single person)		光棍 guāng gùn	n.	bachelor *(single person)*	
销售 xiāo shòu	n.	sales		邮递员 yóu dì yuán	n.	postman	
抢购 qiǎng gòu	v.	to snap up; to rush to buy		加班 jiā bān	v.	to work overtime	
达到 dá dào	v.	to reach		晕 yūn	v.	to faint	
夸张 kuā zhāng	adj. n.	exaggerating exaggeration		半价 bàn jià	n.	half price	
马桶 mǎ tǒng	n.	toilet		原价 yuán jià	n.	original price	
回复 huí fù	v.	to reply		预订 yù dìng	v.	to book	
本来 běn lái	adv.	originally		真正 zhēn zhèng	adj.	real	
大吃大喝 dà chī dà hē	phr.	to have a feast *(big eat big drink)*		可惜 kě xī	adj.	pity	
流行 liú xíng	adj.	popular; trendy		网购 wǎng gòu	v.	online shopping	
平时 píng shí	adv.	usually		网购节 wǎng gòu jié	n.	online shopping festival	
打折 dǎ zhé	v.	to give a discount		差不多 chà bù duō	adv.	almost	
打七折 dǎ qī zhé	phr.	30% off (pay 70% of the price)		一年一度 yì nián yí dù	phr.	once a year; annual	

English Version

Jamie: Honey, why is every shop having a **big sale** today?

Su Fei: Don't you know? Today is November 11th - "**Double 11 Day**".

Jamie: Is this special?

Su Fei: Of course! "Double 11 Day" is China's **Singles' Day** (Bare-stick Festival) !

Jamie: What is "Singles' Day" ?

Su Fei: It's a festival for **single dogs** (bachelors), and it is also an **annual** sales day. It is very **popular** these years!

Jamie: A single person is called "**Bare Stick**", and "**Single Dog**", this is so **funny**! I'm not a single dog anyway!

Su Fei: Whether being single or not, everyone likes shopping today! Because today, almost all stores across the country have big sales, **online shopping** is even more **crazy**. In recent years, Singles' Day has **developed into** the world's largest **online shopping festival**.

Jamie: No wonder, I saw the news that **Alibaba** and **JD.com** have both **reached** billions of dollars of **sales** in just a few hours!

Su Fei: This figure is normal. The poor ones are the **postmen**, always having to **work overtime** at this time of the year, some of them even **fainted** due to being too tired.

Jamie: Wow! It sounds **too much** (over-the-top)! So you got up so early today to play on your phone, were you **snapping up bargains**?

Su Fei: Indeed! I bought a pair of shoes on **JD. com**, original price ￥1,000, but today it's only ￥500; I also bought a skirt on **Taobao** at **half price**.

Jamie: That's great! Oh, Dawei sent me a **WeChat message**.

Su Fei: Who is Dawei?

Jamie: It's my colleague. Let me see. He said he just snapped up a **toilet**. The **original price** was ￥1,699, but it is only ￥999 today. He also asked me if I wanted it. He could buy it for me too.

Su Fei: Forget it, we don't lack toilets at home!

Jamie: Indeed, I will **reply** to him, no need!

Su Fei: By the way, I also **booked** the **hot pot** dinner tonight for a 30% discount.

Jamie: I almost forgot, is Li Li going to eat with us?

Su Fei: Yes! She is a single dog and always **has a big feast** (eat big and drink big) at this festival every year! **Originally**, she planned to bring her little dog Fatty, but the hot pot restaurant doesn't allow dogs in.

Jamie: What a **pity**!

Su Fei: Why?

Jamie: Because Fatty is the **real** single dog!

21 上海迪士尼
shàng hǎi dí shì ní

SHANGHAI DISNEYLAND

杰明：我听说你昨天去了**迪士尼乐园**，玩得怎么样？
wǒ tīng shuō nǐ zuó tiān qù le dí shì ní lè yuán wán de zěn me yàng

张云：玩得特别开心！我和我**老公**，还有我们的儿子，一
wán de tè bié kāi xīn wǒ hé wǒ lǎo gōng hái yǒu wǒ men de ér zi yì
起去的。我们玩了**一整天**！
qǐ qù de wǒ men wán le yì zhěng tiān

杰明：游乐园是不是很大？
yóu lè yuán shì bu shì hěn dà

张云：超级大！别忘了，**上海迪士尼城堡**是世界上最
chāo jí dà bié wàng le shàng hǎi dí shì ní chéng bǎo shì shì jiè shàng zuì
大的迪士尼城堡，里面有七大**主题园区**。
dà de dí shì ní chéng bǎo lǐ miàn yǒu qī dà zhǔ tí yuán qū

杰明：是哪七大园区？
shì nǎ qī dà yuán qū

张云：有"米奇大街"、"奇想花园"、"梦幻世界"、"探险
yǒu mǐ qí dà jiē qí xiǎng huā yuán mènghuàn shì jiè tàn xiǎn
岛、"宝藏湾"、"明日世界" 和 "迪士尼.皮克斯
dǎo bǎo zàng wān míng rì shì jiè hé dí shì ní pí kè sī
玩具总动员"。
wán jù zǒng dòng yuán

杰明：哪个园区最**好玩**？
nǎ gè yuán qū zuì hǎo wán

张云：嗯，我觉得"宝藏湾"最好玩，因为在那里，我感
ǹg wǒ jué de bǎo zàng wān zuì hǎo wán yīn wèi zài nà lǐ wǒ gǎn

觉进入了**最爱**的《加勒比海盗》电影，可以加入**杰克船长**的队伍，和他一起在海洋里玩海盗**游戏**。

杰明：你儿子呢？最喜欢哪个园区？

张云：他最喜欢"梦幻世界"，因为他是《爱丽丝梦游仙境》的**粉丝**，里面的**迷宫**也很漂亮，还有疯狂茶会派对。

杰明：听你这么说，我真想现在就去玩儿。

张云：当然了，那里不仅有**游乐**项目、精彩表演，还有**各种各样**的美食！不管是什么年龄的人，都会玩得很开心！

杰明：其实，我早就想去了，但是**平时**工作太忙了。

张云：不要整天忙得像只**蜜蜂**，你也应该去**放松放松**。

杰明：是啊！对了，门票贵吗？

张云：这次买的不贵，才399元一个人，而且我儿子进去是**免费**的。

杰明：为什么免费？

张云：因为三岁以下的**儿童**可以免票。对了，你打算什么时候去？

杰明：下个月是我女朋友的生日，我想和她一起去。

张云：我建议你提前在**网上**买票，因为**现场**买的人太

多了，要排队。而且，如果你到得晚，票可能会卖
duō le yào pái duì   ér qiě rú guǒ nǐ dào de wǎn piào kě néng huì mài
完。
wán

杰明：看来，我得尽快去迪士尼的官方网站把票买了。
　　　kàn lái wǒ děi jǐn kuài qù dí shì ní de guān fāng wǎng zhàn bǎ piào mǎi le

Key Vocabulary

迪士尼乐园 dí shì ní lè yuán	n.	Disneyland	一整天 yì zhěng tiān	n.	a whole day
城堡 chéng bǎo	n.	castle	主题 zhǔ tí	n.	theme
好玩 hǎo wán	adj.	fun	船长 chuán zhǎng	n.	captain
游戏 yóu xì	n.	game	粉丝 fěn sī	n.	fan
各种各样 gè zhǒng gè yàng	idiom	all kinds of	免费 miǎn fèi	v.	to be for free
游乐 yóu lè	n.	entertainment	平时 píng shí	n.	usually
蜜蜂 mì fēng	n.	bee	放松 fàng sōng	v.	to relax
儿童 ér tóng	n.	children	现场 xiàn chǎng	n.	on site
尽快 jǐn kuài	adv.	as soon as possible	网站 wǎng zhàn	n.	website
世界 shì jiè	n.	world	免票 miǎn piào	v.	ticket-free
海洋 hǎi yáng	n.	ocean	项目 xiàng mù	n.	project; attraction
迷宫 mí gōng	n.	maze	不管… 都… bù guǎn… dōu…		no matter… all…; regardless of…

English Version

Jamie: I heard you went to **Disneyland** yesterday. How was it?

Zhang Yun: Had a great time! My **husband** and I, and our son, went together. We played there the **whole day**!

Jamie: Is the amusement park very big?

Zhang Yun: Super big! Don't forget, **Shanghai Disney Castle** is the largest Disney castle in the world, with seven **theme parks** inside.

Jamie: Which seven parks are they?

Zhang Yun: They are "Mickey Street", "Fantasy Garden", "Dream World", "Adventure Island", "Treasure Bay", "Tomorrowland" and "Disney Pixar Toy Story".

Jamie: Which park is the most **fun**?

Zhang Yun: Well, I think "Treasure Bay" is the most fun, because there I felt like I was entering my **favorite** "Pirates of the Caribbean" movie, and I could join **Captain Jack**'s crew and play pirate **games** with him in the ocean.

Jamie: What about your son? Which park did he like the most?

Zhang Yun: He liked "Fantasy World" the most because he is a **fan** of Alice in Wonderland, the **maze** inside is also very beautiful, and there is a crazy tea party.

Jamie: Hearing what you just said, it makes me really want to go now.

Zhang Yun: Of course, there are not only **amusement** areas, exciting performances, but also **all kinds of** delicacies! People of any age can have fun!

Jamie: Actually, I wanted to go a long time ago, but I am **usually** too busy with work.

Zhang Yun: Don't be busy like a **bee** all day, you should also **relax**.

Jamie: Indeed! By the way, are the tickets expensive?

Zhang Yun: Not expensive this time, only 399 yuan per person, and my son can enter for **free**.

Jamie: Why is it free?

Zhang Yun: Because **children** under three years old go free of charge. By the way, when are you planning to go?

Jamie: Next month is my girlfriend's birthday, I want to go with her.

Zhang Yun: I suggest you buy tickets **online** in advance, because there are too many people buying **on-site** and the queue is long. Moreover, if you arrive late, the tickets may be **sold out**.

Jamie: It seems I have to go to Disney's **official website** to buy the tickets **as soon as possible**.

22 我不是骗子
wǒ bú shì piàn zi
I Am Not a Liar

杰明：飞飞，我回来了。
fēi fēi wǒ huí lái le

苏飞：都**凌晨两点**了，你怎么那么晚回家？我发你**微信**，
dōu líng chén liǎng diǎn le nǐ zěn me nà me wǎn huí jiā wǒ fā nǐ wēi xìn
你也不回。
nǐ yě bù huí

杰明：真对不起！今天同事们**聚餐**，有人喝**醉**了，我得送
zhēn duì bu qǐ jīn tiān tóng shì men jù cān yǒu rén hē zuì le wǒ děi sòng
他回家。
tā huí jiā

苏飞：是真的吗？你有没有骗我？
shì zhēn de ma nǐ yǒu méi yǒu piàn wǒ

杰明：当然没有骗你！而且，我为什么要骗你？
dāng rán méi yǒu piàn nǐ ér qiě wǒ wèi shén me yào piàn nǐ

苏飞：你没听说过吗—"男人都是**骗子**"！
sū fēi nǐ méi tīng shuō guò ma nán rén dōu shì piàn zi

杰明：我**反对**！说这句话的人才是真正的骗子！
wǒ fǎn duì shuō zhè jù huà de rén cái shì zhēn zhèng de piàn zi

苏飞：**我不管**！你得**解释**为什么没有**及时**回复我的微信。
wǒ bù guǎn nǐ děi jiě shì wèi shén me méi yǒu jí shí huí fù wǒ de wēi xìn

杰明：是这样的。我们吃饭的时候，有一个男同事太高
shì zhè yàng de wǒ men chī fàn de shí hòu yǒu yí gè nán tóng shì tài gāo
兴了，喝了很多酒。可是，他去上**厕所**的时候，不
xìng le hē le hěn duō jiǔ kě shì tā qù shàng cè suǒ de shí hòu bù

小心把手机掉进**马桶**了。

苏飞：这个人真是个"**二百五**"！

杰明：什么是"二百五"？

苏飞：就是"笨蛋"的意思。**继续**说，后来呢？

杰明：后来，他跑过来跟我们大哭，说那是他刚买的最新款**苹果手机**，花了他一万多块钱。他越说越伤心，喝酒喝得更厉害了。

苏飞：你们怎么不**劝**他别喝？

杰明：我们都劝了，可他就是不听。更**疯狂**的是，他后来一边喝酒，一边**跳舞**，裤子都掉了。

苏飞：什么？

杰明：放心吧，我们很快就帮他把裤子提上去了。不过，周围很多人都看见了，都**哈哈大笑**。

苏飞：这也太**丢脸**了吧？

杰明：可不，我们**主管**看着他这个样子很生气，还说以后聚餐只订**包间**，不能让别人看**笑话**。

苏飞：他让主管这么**没面子**，小心**被炒**！

杰明：唉，他喝醉了，又掉了手机。所以，我和另一个同事得开车送他回家。在车里的时候，他又哭又吐，我得**照顾**他，所以不方便回复你的微信。

苏飞：**原来如此**！你也真倒霉，怎么会遇到这样的**酒鬼**

同事！
tóng shì

杰明：唉！倒霉的是他，听说他老婆是**母老虎**。现在弄
āi dǎo méi de shì tā tīng shuō tā lǎo pó shì mǔ lǎo hǔ xiàn zài nòng

坏了那么贵的手机，一定会被**骂**死的！
huài le nà me guì de shǒu jī yí dìng huì bèi mà sǐ de

Key Vocabulary

聚餐 jù cān	v.	to have a dinner party	醉 zuì	adj.	drunk
骗 piàn	v.	to lie	反对 fǎn duì	v.	to disagree
骗子 piàn zi	n.	liar	哈哈大笑 hā hā dà xiào		to laugh crazily
解释 jiě shì	v.	to explain	及时 jí shí	adv.	in time
厕所 cè suǒ	n.	washroom	马桶 mǎ tǒng	n.	toilet
继续 jì xù	v.	to continue	苹果手机 píng guǒ shǒu jī	n.	iPhone
劝 quàn	v.	to persuade	丢脸 diū liǎn	v.	to lose face
炒 chǎo	v.	to fire	照顾 zhào gù	v.	to take care of
酒鬼 jiǔ guǐ	n.	alcoholic	骂 mà	v.	to scold

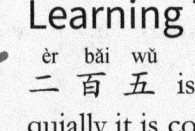

Learning Tip

二百五 (èr bǎi wǔ) is literally the number "250" but colloquially it is commonly used to mean "idiot."

母老虎 (mǔ lǎo hǔ) literally translates as "tigress," it is common slang for an aggressive women who is quick to anger, especially directed toward their boyfriend or husband.

English Version

Jamie: Feifei, I'm back.

Su Fei: It's already **2am**! Why are you coming home so late? I sent you **WeChat messages**, but you also didn't reply.

Jamie: Truly sorry. I was having a **dinner party** with my colleagues today. Someone was **drunk**. I had to take him home.

Su Fei: Is it true? Did you **lie** to me?

Jamie: Of course I didn't lie to you! And why would I lie to you?

Su Fei: Have you never heard of it - "Men are all **liars**"!

Jamie: I **disagree**! The person who started this was a real liar!

Su Fei: **I don't care**, you have to **explain** why you didn't reply to my WeChat **in time**.

Jamie: This is what happened: When we were eating, a male colleague was too happy and drank a lot of alcohol. However, when he went to the **washroom**, he dropped his phone into the **toilet** by accident.

Su Fei: This man is really a "**two hundred and fifty**"!

Jamie: What is "two hundred and fifty"?

Su Fei: It means "idiot." **Continue**, what happened next?

Jamie: Later, he came to cry at us, saying that was the latest **iPhone** he had just bought and it cost him more than ¥ 10,000. The more he talked, the more upset he was, and more heavily he drank.

Su Fei: Why didn't you **persuade** him not to drink?

Jamie: We all did, but he just wouldn't listen. It became more **crazy** later that when he was drinking and **dancing**, his pants fell off.

Su Fei: What?

Jamie: Don't worry, we quickly helped him lift his pants up. However, many people around saw it and **laughed crazily**.

Su Fei: This is too **shameful**!

Jamie: Indeed, our **head of department** was very angry when he saw him behaving like this. He also said that in the future, we would only book **private rooms** for dinner parties to avoid other people from seeing **jokes**.

Su Fei: He made the boss **lose face**, should be careful not to **get fired**!

Jamie: Ugh, he was drunk and damaged his phone. So, another colleague and I had to drive him home. When he was in the car, he cried and vomited. I had to **take care of**

him, so it was not easy to reply to your WeChat.

Su Fei: I see. You are really unlucky, how could you have such an **alcoholic** colleague!

Jamie: Ugh! Unlucky him, I heard that his wife is a **tigress** (aggressive woman). He broke such an expensive phone, and will definitely be **scolded** a lot!

23 那 是 什 么 鬼
nà shì shén me guǐ

WHAT THE HELL IS THAT

苏飞：**天啊**！我走不动了！
　　　tiān a　wǒ zǒu bu dòng le

杰明：那我们在这儿休息一会儿吧。
　　　nà wǒ men zài zhè ér xiū xi yí huì ér ba

苏飞：我**口渴**了，水在你的包里。
　　　wǒ kǒu kě le　shuǐ zài nǐ de bāo lǐ

杰明：给你！我**记得**你以前是爬山**高手**，怎么现在**才**爬
　　　gěi nǐ　wǒ jì de nǐ yǐ qián shì pá shān gāo shǒu　zěn me xiàn zài cái pá
　　　了半个小时就受不了？
　　　le bàn gè xiǎo shí jiù shòu bu liǎo

苏飞：以前经常**锻炼**，现在很少锻炼，当然不能比。
　　　yǐ qián jīng cháng duàn liàn　xiàn zài hěn shǎo duàn liàn　dāng rán bù néng bǐ
　　　啊？**那是什么鬼**？
　　　ā　nà shì shén me guǐ

杰明：怎么了？你看到什么了？
　　　zěn me le　nǐ kàn dào shén me le

苏飞：我刚刚好像看到一个**影子**，像**闪电**一样从那
　　　wǒ gānggāng hǎo xiàng kàn dào yí gè yǐng zi　xiàng shǎn diàn yí yàng cóng nà
　　　棵树下闪过。
　　　kē shù xià shǎn guò

杰明：你不会**眼睛花**了吧？我怎么没看见？
　　　nǐ bú huì yǎn jīng huā le ba　wǒ zěn me méi kàn jiàn

苏飞：你走过去再**仔细**看一看。
　　　nǐ zǒu guò qù zài zǐ xì kàn yi kàn

杰明：好吧，我现在就去。

苏飞：啊！杰明，它在树上，是一只猴子，你看到了吗？

杰明：看到了。哇！不是一只猴子，是两只，**大的**在吃香蕉，**小的**在吃苹果。

苏飞：他们怎么会有香蕉和苹果？等一等，不会是我们的吧？

杰明：**糟糕**！真的是我们的水果，被它们**偷**走了！

苏飞：这些猴子太**聪明**了！居然能在我们说话的时候**悄悄**地把东西偷走！

杰明：它们都是这里的**野猴子**，平时只能吃山里的野果子。现在看到我们带的新水果，**肯定**很好奇！

苏飞：我想起来了。在山下的时候，有一块**路标**：山上有**顽猴**，注意安全！

杰明：对啊！我也有一点儿**印象**！他们好可爱啊，吃得真开心！这样吧，我把包里的**花生**也给他们。

苏飞：小心一点，别让猴子看到花生是从包里拿出来的，不然，它可能会**抢**。

杰明：说得对！我现在把花生**一颗一颗**地给它们，你帮我**拍照**。

苏飞：啊！它们过来了。正在很小心地从你的手上拿花生，真可爱！

杰明：我以前也这样**喂**过猴子，非常**好玩**！
　　　wǒ yǐ qián yě zhè yàng wèi guò hóu zi　fēi cháng hǎo wán

苏飞：你看上去真像它们的猴哥哥！
　　　nǐ kàn shàng qù zhēn xiàng tā men de hóu gē ge

杰明：别忘了，我是**属猴**的，从小到大都很喜欢猴子。
　　　bié wàng le　wǒ shì shǔ hóu de　cóng xiǎo dào dà dōu hěn xǐ huān hóu zi
　　　我觉得，猴子是**地球**上最聪明的动物。
　　　wǒ jué de　hóu zi shì dì qiú shàng zuì cōng míng de dòng wù

苏飞：看来，这里不是两只猴子，是三只！
　　　kàn lái　zhè lǐ bú shì liǎng zhī hóu zi　shì sān zhī

Learning Tip

nà shì shén me guǐ
那是什么鬼 literally means "what is this ghost?" It's a colloquial term similar to "what on earth" or "what the hell" in English.

yǎn jīng huā
眼 睛 花 is a colloquial term to imply seeing something wrongly, literally it means "eyes flowered."

Key Vocabulary

口渴 kǒu kě	adj.	thirsty	记得 jì de	v.	to remember
锻炼 duàn liàn	v.	to exercise	影子 yǐng zi	n.	shadow
闪电 shǎn diàn	n.	lightning	仔细 zǐ xì	adv.	carefully
糟糕 zāo gāo	excl.	oops	偷 tōu	v.	to steal
高手 gāo shǒu	n.	master; expert	悄悄 qiāo qiāo	adv.	quietly; secretly
聪明 cōng míng	adj.	smart	路标 lù biāo	n.	road sign
印象 yìn xiàng	n.	impression	抢 qiǎng	v.	to snatch
拍照 pāi zhào	v.	to take a photo	喂 wèi	v.	to feed
好玩 hǎo wán	adj.	fun	地球 dì qiú	n.	Earth
注意 zhù yì	v.	to pay attention; to be careful	花生 huā shēng	n.	peanuts
安全 ān quán	n.	safety	野果 yě guǒ	n.	wild fruit
正在 zhèng zài	adv.	currently (doing)	野猴子 yě hóu zi	n.	wild monkey
小心 xiǎo xīn	v.	be careful	等一等 děng yi děng	v.	wait a moment

English Version

Su Fei: Oh god! I can't walk anymore!

Jamie: Let's rest here for a while.

Su Fei: I am **thirsty**, water is in your bag.

Jamie: Here you are! I **remember** you used to be a climbing **master**, how can you run out of strength after **only** half an hour?

Su Fei: I used to **exercise** a lot, but now exercise very little, of course can't compare to the past. Ah! **What the hell is that**?

Jamie: What's wrong? What did you see?

Su Fei: I just saw a **shadow** flashing away like **lightning** under that tree.

Jamie: Are you sure your **eyes were seeing right**? Why didn't I see it?

Su Fei: Go over and take a look **closely**.

Jamie: Well, I will go now.

Su Fei: Ah! Jamie, it's on the tree. It's a monkey. Have you seen it?

Jamie: I see it. Wow! Not just one monkey, but two, the **big one** is eating a banana, the **small one** is eating an apple.

Su Fei: How can they have bananas and apples? Wait a minute, are these fruits ours?

Jamie: Oops! Indeed our fruits, just **stolen** by them!

Su Fei: These monkeys are so **smart**! They were able to steal things **quietly** while we were talking!

Jamie: They are all **wild monkeys** here, and they can only eat wild fruits in the mountains. Now they see the new fruits we brought, they **must** be very curious!

Su Fei: Oh I remember. Earlier when we were downhill, there was a **sign**: **naughty monkeys** in the mountain, stay safe!

Jamie: Yes! I also have an **impression**! They are so cute, so happy to eat! Well, I will give them the **peanuts** in the bag.

Su Fei: Be careful, don't let the monkeys see the peanuts are taken out of the bag, or they might try to **snatch** it.

Jamie: That's right! I will give them peanuts **one by one** now. You can **take photos** for me.

Su Fei: Ah! They are here. Taking peanuts from your hand very carefully, so cute!

Jamie: I have **fed** monkeys like this before, it's very **fun**!

Su Fei: You really look like their monkey brother!

Jamie: Don't forget, I was **born in the year of the monkey** and I've always liked monkeys since I was little. I think the monkey is the smartest animal on the **planet**.

Su Fei: It seems that it's not two monkeys here, but three!

24 高富帅
gāo fù shuài
A Good-looking Rich Guy

苏飞: 昨天你妈妈带你去**相亲**，**对象**怎么样？
zuó tiān nǐ mā ma dài nǐ qù xiāng qīn duì xiàng zěn me yàng

李丽: 我觉得他很一般，可是我妈很喜欢他。
wǒ jué de tā hěn yì bān kě shì wǒ mā hěn xǐ huān tā

苏飞: 你的狗呢？
nǐ de gǒu ne

李丽: 还说呢！可能是我妈**提前**告诉他我有一只狗，所
hái shuō ne kě néng shì wǒ mā tí qián gào sù tā wǒ yǒu yì zhī gǒu suǒ
以他准备了**狗粮**。小胖吃得超开心，已经**爱上**他
yǐ tā zhǔn bèi le gǒu liáng xiǎo pàng chī de chāo kāi xīn yǐ jīng ài shàng tā
了。
le

苏飞: 真**狡猾**！他叫什么名字？是什么**背景**？
zhēn jiǎo huá tā jiào shén me míng zì shì shén me bèi jǐng

李丽: 他叫杨小海，只比我大一岁，是上海人，**本科**毕
tā jiào yáng xiǎo hǎi zhǐ bǐ wǒ dà yí suì shì shàng hǎi rén běn kē bì
业。他的父母很有钱，已经为他买了房子。他现在
yè tā de fù mǔ hěn yǒu qián yǐ jīng wèi tā mǎi le fáng zi tā xiàn zài
是一家大公司的**金融分析师**，**年薪**五十万。
shì yì jiā dà gōng sī de jīn róng fēn xī shī nián xīn wǔ shí wàn

苏飞: 哇！这么好的条件！他长得怎么样？
wā zhè me hǎo de tiáo jiàn tā zhǎng de zěn me yàng

李丽: 长得**还可以**！身材高大，皮肤也白。
zhǎng de hái kě yǐ shēn cái gāo dà pí fū yě bái

苏飞：简直是**传说**中的"**高富帅**"！多数女生都会喜欢的！

李丽：可是我不喜欢他的**发型**！他的头发有点儿长，还**染**成了金色。

苏飞：嗯，可能是因为他知道小胖的毛是金色，所以**故意**染成金色来**讨好**你。

李丽：别**开玩笑**了！怎么可能？

苏飞：不过，我很**好奇**，这样一个条件那么好的人，怎么会是**单身**？

李丽：是啊！我也觉得很奇怪，所以我也问他了。

苏飞：他怎么回答？

李丽：他说他以前谈过两个女朋友，可是父母都不喜欢，**逼**他分手了。

苏飞：这样的父母太**强势**了吧？

李丽：是啊！现在，他快三十岁了，所以父母很**着急**他的婚事，从去年就开始**催**他找个女朋友**结婚**。

苏飞：他妈妈喜欢你吗？

李丽：不知道，**毕竟**只跟他们见过一次。不过他妈妈**称赞**我是个**博士**，说我有**见识**。

苏飞：看来，她看上了你的**高学历**。

李丽：可能吧。

苏飞：你们打算**进一步**交往吗？
nǐ men dǎ suàn jìn yí bù jiāo wǎng ma

李丽：已经加了**微信**，我们约好下个星期六**单独**见面，多
yǐ jīng jiā le wēi xìn wǒ men yuē hǎo xià gè xīng qī liù dān dú jiàn miàn duō
了解一下对方。
liǎo jiě yí xià duì fāng

苏飞：祝你好运！
zhù nǐ hǎo yùn

Key Vocabulary

相亲 xiāng qīn	n. v.	blind date; to have a blind date	对象 duì xiàng	n.	partner (dating)
提前 tí qián	adv.	in advance	狗粮 gǒu liáng	n.	dog food
爱上 ài shàng	v.	to fall in love with	狡猾 jiǎo huá	adj.	cunning
背景 bèi jǐng	n.	background	年薪 nián xīn	n.	annual salary
发型 fà xíng	n.	hairstyle	染 rǎn	v.	to dye
故意 gù yì	adv.	deliberately	讨好 tǎo hǎo	v.	to please
好奇 hào qí	adj.	curious	单身 dān shēn	n.	single
强势 qiáng shì	adj.	bossy	着急 zhāo jí	adj.	anxious
毕竟 bì jìng	adv.	after all	称赞 chēng zàn	v.	to praise
见识 jiàn shi	n	knowledge; insight	单独 dān dú	adv.	alone

Culture Corner

gāo fù shuài
高 富 帅 (tall, rich, and handsome) is a colloquial term in modern China used to describe the "ideal man."

English Version

Su Fei: Yesterday your mum took you on a **blind date**. How was the **partner**?

Li Li: I think he is very average, but my mum likes him very much.

Su Fei: What about your dog?

Li Li: Oh dear. Maybe my mother told him **in advance** I have a dog, so he prepared **dog food**. Fatty ate so happily that he already **fell in love with** him.

Su Fei: Really **cunning**! What is his name and **background**?

Li Li: His name is Yang Xiaohai. He is only one year older than me. He is a Shanghai local with a **bachelor's** degree. His parents are extremely rich and already bought a flat for him. He is now a **financial analyst** at a big company, with an **annual salary** of ￥500,000.

Su Fei: Wow! Such a great background! What does he look like?

Li Li: He looks **quite good**! Tall and has fairly white skin.

Su Fei: It's simply the **legendary "Tall, Rich and Handsome!"** Most girls will like him!

Li Li: But I don't like his **hairstyle**! His hair is a bit long and **dyed** blond.

Su Fei: Well, maybe because he knows that Fatty's hair is blond, so he **deliberately** dyed it blond to **please** you.

Li Li: Don't be **joking**! How can this be possible?

Su Fei: However, I am very **curious**, how can a man with such good a background be **single**?

Li Li: Yes! I also found it strange, so I asked him too.

Su Fei: How did he answer?

Li Li: He said he had two girlfriends before, but his parents didn't like them and **forced** him to break up.

Su Fei: Such parents are too **bossy**!

Li Li: Indeed! Now, he is almost 30 years old, his parents are very **anxious** about his marriage and since last year have **urged** him to find a girlfriend to **marry**.

Su Fei: Does his mother like you?

Li Li: I don't know, **after all**, I only met them once. But she **praised** my **Doctorate** and said I have **great knowledge**.

Su Fei: It seems that she regarded you for your **high education**.

Li Li: Maybe.

Su Fei: Do you plan to **go further** with the date?

Li Li: We have added one another on **WeChat**, and arranged to meet **alone** next Saturday to learn more about each other.

Su Fei: Good luck!

25 相亲后的第一次约会
xiāng qīn hòu de dì yī cì yuē huì

THE FIRST DATE AFTER THE BLIND DATE

杨小海：你觉得这家咖啡厅怎么样？
　　　　nǐ jué de zhè jiā kā fēi tīng zěn me yàng

李丽：　还可以！这里的**环境**很优美！
　　　　hái kě yǐ　zhè lǐ de huán jìng hěn yōu měi

杨小海：这是我们**相亲**之后第一次见面，你是不是有一
　　　　zhè shì wǒ men xiāng qīn zhī hòu dì yī cì jiàn miàn　nǐ shì bu shì yǒu yì
　　　　点儿**紧张**。
　　　　diǎn ér jǐn zhāng

李丽：　没有啦！只是不知道该说什么。
　　　　méi yǒu la　zhǐ shì bù zhī dào gāi shuō shén me

杨小海：相亲的时候，我妈和你妈都在，我们四个人在一
　　　　xiāng qīn de shí hòu　wǒ mā hé nǐ mā dōu zài　wǒ men sì gè rén zài yì
　　　　起，我觉得非常紧张。
　　　　qǐ　wǒ jué de fēi cháng jǐn zhāng

李丽：　我也是！其实，我们都是**可怜虫**！
　　　　wǒ yě shì　qí shí　wǒ men dōu shì kě lián chóng

杨小海：为什么这么说？
　　　　wèi shén me zhè me shuō

李丽：　我们这个年龄的**单身狗**，被称为"**剩男剩女**"，
　　　　wǒ men zhè gè nián líng de dān shēn gǒu　bèi chēng wéi　shèng nán shèng nǚ
　　　　还被父母逼着相亲，难道不是可怜虫吗？
　　　　hái bèi fù mǔ bī zhe xiāng qīn　nán dào bú shì kě lián chóng ma

杨小海：父母是因为太爱我们，不希望我们孤单**一辈子**。他们为我们**付出**了很多，也很不容易！

李丽：我知道，所以每次我妈让我去相亲，我都会去。我不想让她伤心。

杨小海：**结婚生子**本来就是中国几千年的**传统**，也是父母这一代人的**观点**。

李丽：可是，今天的中国社会是新社会，我们年轻人受的**教育**也不同。我个人觉得**单身**没什么不好。在很多**欧美国家**，单身也是一件很正常的事。

杨小海：这**的确**是新社会的新**思想**！

李丽：父母让我们相亲，**目的**就是结婚。你是不是也有**压力**？

杨小海：当然有！我妈说最好能在一年**之内**结婚，会给我买**宝马车**做结婚礼物。

李丽：一年也太快了吧？

杨小海：一年以后我就三十岁了，有句古话叫"**三十而立**"！我的父母希望我在三十岁的时候有自己的家。

李丽：我还是觉得一年的时间**不够**真正地了解一个人。

杨小海：我**尊重**你的观点，你是个很有**个性**的人！

李丽：其实，你各方面的条件很好！是个"**黄金单身汉**"。

杨小海：你也很**优秀**，是个厉害的博士！
　　　　nǐ yě hěn yōu xiù shì gè lì hai de bó shì

李丽：　过奖！对了，谢谢你送给小胖的礼物，它非 常
　　　　guò jiǎng duì le xiè xie nǐ sòng gěi xiǎo pàng de lǐ wù tā fēi cháng
　　　　喜欢。
　　　　xǐ huān

杨小海：不客气。**其实**，我也希望你不要有压力，我们可
　　　　bú kè qi qí shí wǒ yě xī wàng nǐ bú yào yǒu yā lì wǒ men kě
　　　　以花时间慢慢**相处**，如果你不喜欢我，我们可
　　　　yǐ huā shí jiān màn màn xiāng chǔ rú guǒ nǐ bù xǐ huān wǒ wǒ men kě
　　　　以**随时**停止约会。
　　　　yǐ suí shí tíng zhǐ yuē huì

Learning Tip

huáng jīn dān shēn hàn
黄 金 单 身 汉 is Chinese slang that refers to the ideal single man, literally translating as "Golden Bachelor."

Culture Corner

Chinese blind dates are normally arranged by parents, who are usually present at the first meeting. Afterwards, it's the turn for the two young people to have private dates to get to know one another, working towards a relationship that is aimed at marriage.

Key Vocabulary

环境 huán jìng	n.	environment	紧张 jǐn zhāng	adj.	nervous
一辈子 yí bèi zi	n.	whole life	付出 fù chū	v.	to contribute
传统 chuán tǒng	n. adj.	tradition traditional	观点 guān diǎn	n.	point of view
教育 jiào yù	n.	education	单身 dān shēn	n.	single
思想 sī xiǎng	n.	thinking	目的 mù dì	n.	purpose
之内 zhī nèi	n.	within	尊重 zūn zhòng	v.	to respect
个性 gè xìng	n.	personality	优秀 yōu xiù	adj.	excellent
其实 qí shí	adv.	to be honest	相处 xiāng chǔ	v.	to get along
随时 suí shí	adv.	any time	约会 yuē huì	v. n.	to date date
条件 tiáo jiàn	n.	condition	孤单 gū dān	adj.	lonely
各方面 gè fāng miàn	n.	in all aspects	停止 tíng zhǐ	v.	to stop
咖啡厅 kā fēi tīng	n.	café; coffee shop	难道... nán dào		could it be that... *(rhetorical question)*
结婚生子 jié hūn shēng zǐ	phr.	to get married and have children	每次...都... měi cì ... dōu		every time... always...

English Version

Yang Xiaohai: What do you think of this cafe?

Li Li: It's fine! The **environment** here is beautiful!

Yang Xiaohai: This is the first time we meet since our **blind date**. Are you a little **nervous**?

Li Li: Not really! Just don't know what to say.

Yang Xiaohai: During the blind date, my mother and your mother were there. The four of us being together made me nervous.

Li Li: Me too! In fact, we are both **pitiful ones** (poor worms)!

Yang Xiaohai: Why do you say that?

Li Li: Single dogs (bachelor) of our age are called "**leftover men and women**" and are forced by our parents to have blind dates. Isn't it pitiful?

Yang Xiaohai: Our parents love us too much and don't want us to be alone for our **whole lives**. They have **contributed** so much for us, it's not easy for them either!

Li Li: I know, that's why every time my mum asked me to go on blind dates, I would go. I don't want to make her upset.

Yang Xiaohai: Getting married and having kids is a **tradition** in China for thousands of years, and it is also the **view** of our parents' generation.

Li Li: However, today's Chinese society is a new society, and we young people also received different **education**. I personally think there is nothing wrong with being **single**. In many **European and American countries**, being single is also a normal thing.

Yang Xiaohai: This is **indeed** the new **thinking** of the new society!

Li Li: Our parents arranged the blind date for the **purpose** of marriage. Are you also under **pressure**?

Yang Xiaohai: Of course! My mother said it's better for us to get married **within** a year, and she will buy me a **BMW** as a wedding gift.

Li Li: One year is too soon, isn't it?

Yang Xiaohai: I will be 30 years old in a year. There is an old saying that **"Thirty - the age of independence."** My parents wish I can have my own family when I am thirty.

Li Li: I still think that one year is **not enough** to truly know a person.

Yang Xiaohai: I **respect** your point of view, you really have great **character**!

Li Li: Well, your background is great! Indeed an **ideal man** (golden bachelor).

Yang Xiaohai: You are also very **excellent**, a knowledgeable doctor (non-medical)!

Li Li: Thanks for the compliment! By the way, thank you for the gift to Fatty, he likes it very much.

Yang Xiaohai: You're welcome. **To be honest**, I also hope that you will not be pressured. We can spend time **getting along** slowly. If you don't like me, we can stop dating **any time**.

26 我长胖了
wǒ zhǎng pàng le

I Am Getting Fat

杰明：你怎么还在**照镜子**？
　　　nǐ zěn me hái zài zhào jìng zi

苏飞：你没发现我最近**长胖**了吗？
　　　nǐ méi fā xiàn wǒ zuì jìn zhǎng pàng le ma

杰明：只是胖了一点点，别担心！
　　　zhǐ shì pàng le yì diǎn diǎn bié dān xīn

苏飞：还不担心？你看，我现在脸圆、腰粗、腿粗、肚子
　　　hái bù dān xīn　nǐ kàn wǒ xiàn zài liǎn yuán yāo cū tuǐ cū dù zi
　　　也大，就像半个**孕妇**！
　　　yě dà jiù xiàng bàn gè yùn fù

杰明：你说得太夸张了！没那么**严重**。
　　　nǐ shuō de tài kuā zhāng le méi nà me yán zhòng

苏飞：不夸张！这几天在办公室，**同事们**都说我长胖
　　　bù kuā zhāng zhè jǐ tiān zài bàn gōng shì tóng shì men dōu shuō wǒ zhǎng pàng
　　　了，昨天晚上，我跟我妈**开视频**，她也说我胖。我
　　　le zuó tiān wǎn shàng wǒ gēn wǒ mā kāi shì pín tā yě shuō wǒ pàng wǒ
　　　刚刚去**称重**，是110斤，比以前胖了10斤。
　　　gāng gāng qù chēng zhòng shì jīn bǐ yǐ qián pàng le jīn

杰明：唉！你们中国女生对**身材**的要求太高了！
　　　āi nǐ men zhōng guó nǚ shēng duì shēn cái de yāo qiú tài gāo le

苏飞：我**决定**了，从现在开始，要节食**减肥**！在一个月内
　　　wǒ jué dìng le cóng xiàn zài kāi shǐ yào jié shí jiǎn féi zài yí gè yuè nèi
　　　瘦10斤。
　　　shòu jīn

杰明：不行！你这样做对**健康**不好，我认为，你应该多锻炼，少吃**垃圾食品**。

苏飞：什么意思？

杰明：我发现你最近要么点外卖，要么吃**快餐**！常常去**麦当劳**、**肯德基**。这些不好的饮食习惯才是你长胖的原因。

苏飞：说得**有道理**！

杰明：还有，你以前天天去**健身房**，后来，到了冬天就不去了。我觉得你应该**重新**开始，好好锻炼身体。

苏飞：是啊！现在我不仅吃得多，还**懒**得锻炼，怎么可能不长胖？真是应了那句话 - 世界上只有懒女人，没有**丑**女人。

杰明：这句话真有意思！

苏飞：唉，我现在长胖了，**颜值**也跟着下降，真**烦**！

杰明：放心吧！只要你**远离**垃圾食品，多锻炼身体，就会和以前一样**瘦**。

苏飞：是啊！为了我的健康和颜值，从明天开始我一定跟你去健身房。

杰明：太好了！那我们明天晚上7点准时去，**一言为定**？

苏飞：一言为定！

Key Vocabulary

镜子 jìng zi	n.	mirror		孕妇 yùn fù	n.	pregnant woman
严重 yán zhòng	adj.	serious (bad)		开视频 kāi shì pín	phr.	to have a video call
称重 chēng zhòng	v.	to weigh		身材 shēn cái	n.	body figure
决定 jué dìng	v.	to decide		减肥 jiǎn féi	v.	to lose weight
健康 jiàn kāng	n. / adj.	health / healthy		垃圾食品 lā jī shí pǐn	n.	junk food
快餐 kuài cān	n.	fast food		健身房 jiàn shēn fáng	n.	gym
重新 chóng xīn	adv.	afresh		丑 chǒu	adj.	ugly
懒 lǎn	adj.	lazy		颜值 yán zhí	n.	beauty level
远离 yuǎn lí	v.	to stay away		瘦 shòu	adj.	slim
点外卖 diǎn wài mài	v.	to order takeaway		有意思 yǒu yì si	phr.	interesting; fun
一言为定 yì yán wéi dìng	idiom	it's a deal; agreed		要么… 要么… yào me … yào me …		either…or…

Culture Corner

Being slim is one of the beauty standards for Chinese women, and it is very common for many Chinese women, especially young ones, to try to keep their weight under 50 kilograms in order to meet this demanding standard.

The word 胖 (pàng) in common usage is not necessarily considered as direct and offensive as "fat" in English.

English Version

Jamie: Why are you still **looking in the mirror**?

Su Fei: Don't you notice that I am **getting fat** recently?

Jamie: Just put on a little weight, don't worry!

Su Fei: Still not worried? Look at me, my round face, thick waist, thick legs, and big belly, just like half a **pregnant woman**!

Jamie: You are exaggerating! It's not that **serious**.

Su Fei: Not an exaggeration at all! In the past few days at the office, my **colleagues** all said that I had gained weight. Last night, I **had a video call** with my mother, and she also said I am fat. I just went to **weigh** myself - 110 catty (55 kilograms), which is 10 catty (5 kilograms) more than before.

Jamie: Ugh! You Chinese girls have such high standards for your **body figure**!

Su Fei: I have **decided**, from now on, I will go on a diet to **lose weight**! I will lose 10 catty in a month.

Jamie: No! This is bad for your **health**. I think you should exercise more and eat less **junk food**.

Su Fei: What do you mean?

Jamie: I noticed that you either ordered takeout or ate **fast food** recently! Often going to **McDonald's** and **KFC**. These bad eating habits are the reason you gained weight.

Su Fei: It makes sense!

Jamie: Also, you used to go to the **gym** every day, but then you stopped in winter. I think you should start to exercise **afresh**.

Su Fei: Indeed! These days I not only eat a lot, but also I'm too **lazy** to exercise. How can I not gain weight? I really understand that famous saying - there are only lazy women in this world, no **ugly** women.

Jamie: What an interesting saying!

Su Fei: Ugh, now I'm gaining weight, my **beauty level** (color level) has also declined, so **annoying**!

Jamie: Don't worry! As long as you **stay away** from junk food and exercise more, you will be as **slim** as before.

Su Fei: Yes! For the sake of my health and beauty level, I will go to the gym with you tomorrow.

Jamie: That's great! Let's go there on time at 7 o'clock tomorrow evening, **it's a deal**?

Su Fei: Deal!

27 我的疯狂表弟
wǒ de fēng kuáng biǎo dì

MY CRAZY COUSIN

杰明：你刚刚在和谁打电话，怎么说了那么长时间？

苏飞：是我的**小姨**，她在跟我**抱怨**我的**表弟**大勇。

杰明：哦，我记得，就是那个喜欢**玩滑板**的**家伙**？

苏飞：是啊！不过，他现在不玩滑板了。小姨说他上个月玩滑板的时候，不小心把裤子玩掉了。他的同伴们**嘲笑**他，让他很不高兴，**后来**就再也不玩滑板了。

杰明：真倒霉！

苏飞：他现在在玩**摩托车**，而且越玩越疯狂，还打算参加**赛车比赛**！

杰明：这不是坏事啊！为什么被抱怨？

苏飞：他是摩托车**新手**，经验不够！最近为了比赛，天天**训练**！昨天在训练的时候，**不小心**把摩托车开到河里去了。

141

杰明：天啊！他有没有**受伤**？

苏飞：他**反应**快，也会游泳，所以没有受伤。可是，他的车坏了，这辆车**价值**三十万呢！

杰明：那么贵！**难怪**你小姨会抱怨。

苏飞：小姨不是为了这个抱怨，他们家特别有钱，三十万是**小事**！她是想让表弟**放弃**这项运动。小姨说表弟是家里的**独生子**，没有什么比他的**安全**更重要！

杰明：这我同意！只是，想让他放弃**恐怕**会很难。

苏飞：是啊！所以小姨打电话让我帮忙去**劝一下**他。

杰明：对了，小姨是你爸爸的妹妹吗？

苏飞：错！小姨是我妈妈的妹妹，爸爸的妹妹叫"**小姑**"。

杰明：那如果是姐姐或哥哥弟弟呢？

苏飞：妈妈的姐姐叫"**大姨**"，爸爸的姐姐叫"**大姑**"。妈妈的哥哥叫"**大舅**"，弟弟叫"**小舅**"；爸爸的哥哥叫"**大伯**"，弟弟叫"**叔叔**"。

杰明：哇！这也太**复杂**了吧！我一直都觉得中国人的**亲戚称谓**太麻烦、太难记了！

苏飞：确实！特别是他们的**配偶**，每个称谓都不一样。有时候，连我都忘了。

杰明：还是英文的简单，**只有**两个词："叔叔"、"阿姨"！

Key Vocabulary

抱怨 bào yuàn	v.	to complain	滑板 huá bǎn	n.	skateboarding
家伙 jiā huo	n.	young guy	嘲笑 cháo xiào	v.	to mock
后来 hòu lái	n.	afterwards	摩托车 mó tuō chē	n.	motorbike
新手 xīn shǒu	n.	new starter	经验 jīng yàn	n.	experience
训练 xùn liàn	n. v.	training to train	受伤 shòu shāng	v.	to get injured
反应 fǎn yìng	v.	to react	独生子 dú shēng zǐ	n.	only child
安全 ān quán	n. adj.	safety safe	恐怕 kǒng pà	v.	be afraid that
亲戚 qīn qi	n	relatives	配偶 pèi ǒu	n.	spouse
劝（一下） quàn yí xià	v.	to persuade	复杂 fù zá	adj.	complicated
赛车 sài chē	n.	racing car	价值 jià zhí	n.	value; worth

Culture Corner

Chinese culture is heavily bound to "family connections". In family culture, each member (even extended families) has a unique title. Junior family members also have to address senior family members by the tiles, not names. Otherwise, it would be considered rude.

These kinship terms can be found going back to the earliest of Chinese texts and due to the influence of Confucian ideas and teachings they are ingrained in the culture to this day.

English Version

Jamie: Who were you on the phone with? It lasted quite a long time.

Su Fei: It's my **aunt**, she is **complaining** about my **cousin** (younger male cousin on mother's side) Dayong.

Jamie: Oh, I remember, that **guy** who likes **playing skateboarding**, right?

Su Fei: Yes! However, he no longer skateboards. My aunt said that when he was skateboarding last month, his pants fell off accidentally. His mates **mocked** him and made him very upset, **afterwards** he stopped skateboarding.

Jamie: What bad luck!

Su Fei: He is now playing with **motorbikes**, and the more he plays, the crazier he gets, he even plans to join in **racing competitions**!

Jamie: This is not a bad thing! Why complain about him?

Su Fei: He is a **new motorcyclist** with insufficient **experience**! He **trained** every day for the competition recently and during the training yesterday, he **accidentally** drove the motorbike into the river.

Jamie: Oh my god! Is he **injured**?

Su Fei: He **reacted** quickly and is a good swimmer, so he was not injured. But his motorbike broke down. It was **worth** ¥300,000!

Jamie: So expensive! **No wonder** your aunt complained.

Su Fei: Aunt was not complaining about this, their family is very rich, ¥300,000 is a **trivial matter**! She wants my cousin to **give up** the sport. My aunt said my cousin is the **only child** in the family, and there is nothing more important than his **safety**!

Jamie: I agree with that! It's just, I am **afraid that** it would be difficult to make him give up.

Su Fei: Indeed! So my aunt called me to help to **persuade** him.

Jamie: By the way, is "xiǎoyí" the title of your father's younger sister?

Su Fei: Wrong! "xiǎoyí" refers to my mother's younger sister, my father's younger sister is called "**xiǎogū**".

Jamie: What about older sisters or brothers?

Su Fei: Mother's older sister is called "**dàyí**", father's older sister is called "**dàgū**". Mother's older brother is called "**dàjiù**", younger brother is called "**xiǎojiù**." Father's older brother is called "**dàbó**", younger brother is called "**shūshu**".

Jamie: Wow! This is too **complicated**! I have always felt that **titles of relatives** in Chinese are too troublesome and difficult to remember!

Su Fei: Indeed! Especially their **spouses**, each title is different. Sometimes, even I forget.

Jamie: It's so much simpler in English, with **only** two words: "uncle" and "auntie"!

28 天高的房价
tiān gāo de fáng jià

THE SKY-HIGH HOUSE PRICES

杰明：我听部门的同事说你**买房**了？
wǒ tīng bù mén de tóng shì shuō nǐ mǎi fáng le

张云：是啊，消息**传**得真快！
shì a xiāo xi chuán de zhēn kuài

杰明：这是**天大的**好消息！**恭喜**你！
zhè shì tiān dà de hǎo xiāo xi gōng xǐ nǐ

张云：谢谢！我跟我老公买的是**二手房**，只有88**平方米**，不过，也够住了。
xiè xie wǒ gēn wǒ lǎo gōng mǎi de shì èr shǒu fáng zhǐ yǒu píng fāng mǐ bú guò yě gòu zhù le

杰明：房子的**结构**怎么样？
fáng zi de jié gòu zěn me yàng

张云：只是普通的**公寓楼**，在第11层，有**两室一厅**，一个厨房和一个洗手间。**缺点**是没有阳台，**优点**是房屋朝南，光线好！
zhǐ shì pǔ tōng de gōng yù lóu zài dì céng yǒu liǎng shì yì tīng yí gè chú fáng hé yí gè xǐ shǒu jiān quē diǎn shì méi yǒu yáng tái yōu diǎn shì fáng wū cháo nán guāng xiàn hǎo

杰明：真不错！那你们的孩子喜欢吗？
zhēn bú cuò nà nǐ men de hái zi xǐ huān ma

张云：他挺喜欢的，因为他**终于**有了自己的房间。
tā tǐng xǐ huān de yīn wèi tā zhōng yú yǒu le zì jǐ de fáng jiān

杰明：房子的**位置**怎么样？
fáng zi de wèi zhì zěn me yàng

张云：还可以。跟**地铁站**很近，而且**附近**有学校，方便孩子以后上学。

杰明：房子是在**市区**还是在**郊区**？

张云：在郊区，离我们公司有点儿远。我现在坐地铁来上班，**至少**得花一个半小时。

杰明：这套房子你买成多少钱？

张云：房子的**价格**是260万，我们**首付**了85万，现在**月供**15000。

杰明：哇！真的太贵了！

张云：其实，这算便宜的！现在，在上海买房，不管是新房还是二手房，**平均房价**都是5万多一平米。

杰明：这**天高**的房价！难怪多数人都**买不起**。

张云：当然！这么多年来，我和老公在上海一直**租房子**，为了买房，存了十六年的钱。买的时候还向家人借了十万。而且只能在郊区买，市区的**根本**买不起！

杰明：我也听说，在中国，**一线城市**的房价最贵，特别是"**北上广**"（北京，上海，广州）。

张云：是啊！如果在二线或三线城市，房价就没那么高了。

杰明：你觉得你们会**一直**住在上海吗？

张云：应该会吧。一线城市虽然房价高，但是工作机会
yìng gāi huì ba   yī xiàn chéng shì suī rán fáng jià gāo   dàn shì gōng zuò jī huì
多，**教育**条件好！你呢？ 打算以后在上海买房吗？
duō jiào yù tiáo jiàn hǎo   nǐ ne   dǎ suàn yǐ hòu zài shàng hǎi mǎi fáng ma

杰明：算了吧！对我们这些年轻人，在上海买房是**做白**
suàn le ba   duì wǒ men zhè xiē nián qīng rén   zài shàng hǎi mǎi fáng shì zuò bái
日梦。
rì mèng

Key Vocabulary

传 chuán	v.	to spread; to pass on		恭喜 gōng xǐ		congratulations
二手 èr shǒu	adj.	second hand		平方米 píng fāng mǐ	n.	square meters
结构 jié gòu	n.	structure		公寓 gōng yù	n	apartment
缺点 quē diǎn	n.	disadvantage		优点 yōu diǎn	n.	advantage
终于 zhōng yú	adv.	finally		位置 wèi zhì	n.	location
附近 fù jìn	n.	nearby		市区 shì qū	n.	urban area
郊区 jiāo qū	n.	suburbs		首付 shǒu fù	n.	down payment
月供 yuè gòng	n.	monthly payment		房价 fáng jià	n.	house price
买不起 mǎi bu qǐ		cannot afford		教育 jiào yù	n.	education

Culture Corner

House prices in China can vary a lot, usually the most expensive are in first tier cities like Beijing and Shanghai. There is also a huge difference of buying in cities and countryside, the former, of course, being the most expensive since this is where most job opportunities are.

English Version

Jamie: I heard from colleagues in the department that you **bought a place**?

Zhang Yun: Yes, the news **spread** so quickly!

Jamie: This is **massively** good news! **Congratulations**!

Zhang Yun: Thank you! My husband and I bought a **second-hand flat**, only 88 **square meters**, but it is spacious enough.

Jamie: How is the **structure** of the flat?

Zhang Yun: It's just a normal **apartment building**. It is on the 11th floor, has **two bedrooms and one living room**, with a kitchen and a bathroom. The **disadvantage** is there is no balcony, but the **advantage** is the flat facing south, so has good lighting.

Jamie: This is great! Does your son like it?

Zhang Yun: He likes it very much, because he **finally** has his own room.

Jamie: How is the **location** of the flat?

Zhang Yun: It's alright, very close to the **metro station**, and there is a school **nearby**, convenient for him to go to school in the future.

Jamie: Is the flat in the **urban area** or **suburbs**?

Zhang Yun: In the suburbs, a bit far from our company. I take the metro to work now, and it takes **at least** an hour and a half one way.

Jamie: How much did you pay for the flat?

Zhang Yun: The total **price** is ￥2.6 million. We made a **down payment** of ￥850,000. Now the **monthly payment** is ￥15,000.

Jamie: Wow! This is really so expensive!

Zhang Yun: Actually, this is cheap! In recent years, buying flats in Shanghai, whether new or second-hand, the **average house price** is more than ￥50,000 per square meter.

Jamie: Indeed the **sky-high** house prices! No wonder most people **can't afford** it.

Zhang Yun: Of course! For so many years, my husband and I had been **renting places** in Shanghai. In order to buy one, we saved 16 years' money. We even borrowed ￥100,000 from my family to help to buy the flat. And we can only afford to buy in the suburbs, not in the city centre **at all**.

Jamie: I have also heard that in China, the housing prices in **first-tier cities** are the most expensive, especially the "běi shàng guǎng" (**Beijing, Shanghai, and Guangzhou**).

Zhang Yun: Yes! If you are in a second-tier or third-tier city, house prices are not so high.

Jamie: Do you think you will **always** live in Shanghai?

Zhang Yun: Possibly. Although the house prices are high in the first-tier cities, there are many job opportunities and good **education** standards! What about you? Are you planning to buy a flat in Shanghai in the future?

Jamie: Forget it! For young people like us, buying a place in Shanghai is **day-dreaming**.

29 我不是妈宝男
wǒ bú shì mā bǎo nán
I Am Not a Mummy's Boy

苏飞： 你**终于**来了，我等你很久了。
nǐ zhōng yú lái le, wǒ děng nǐ hěn jiǔ le.

大勇： **表姐**，对不起，我**迟到**了！
biǎo jiě, duì bu qǐ, wǒ chí dào le!

苏飞： 没关系！你知道今天我**为什么**约你出来喝茶吗？
méi guān xi! nǐ zhī dào jīn tiān wǒ wèi shén me yuē nǐ chū lái hē chá ma?

大勇： 不知道！可是，如果是我妈让你来劝我**放弃**摩托
bù zhī dào! kě shì, rú guǒ shì wǒ mā ràng nǐ lái quàn wǒ fàng qì mó tuō
车，就**算了吧**。
chē, jiù suàn le ba.

苏飞： 怎么能算！**小姨**告诉我，你把车子开到河里去了，
zěn me néng suàn! xiǎo yí gào sù wǒ, nǐ bǎ chē zi kāi dào hé lǐ qù le,
是真的吗？
shì zhēn de ma?

大勇： 是真的。我当时只是没有**控制**好速度，这和我的
shì zhēn de. wǒ dāng shí zhǐ shì méi yǒu kòng zhì hǎo sù dù, zhè hé wǒ de
开车**技术**没关系！而且，我也没受伤。
kāi chē jì shù méi guān xi! ér qiě, wǒ yě méi shòu shāng.

苏飞： 你没受伤是运气好！**万一**出现**生命危险**，那怎
nǐ méi shòu shāng shì yùn qi hǎo! wàn yī chū xiàn shēng mìng wēi xiǎn, nà zěn
么办？
me bàn?

大勇： 你想得太多了吧？这**世界上**没有那么多"万一"。
nǐ xiǎng de tài duō le ba? zhè shì jiè shàng méi yǒu nà me duō wàn yī.

苏飞：我们是一家人，每个人都很**关心**你的安全。而且，你就真的那么喜欢摩托车吗？

大勇：不是我喜欢摩托车，我只是想**证明**给大家看，我不是一个"**妈宝男**"！

苏飞：谁说你是"妈宝男"？

大勇：难道不是吗？**从小到大**，我妈总是让我听她的。什么**考大学**、**相亲**、帮爸爸**管理**公司，都是我**讨厌**的。她从来不知道我想要的是什么！

苏飞：那你告诉我，你**到底**想要什么？

大勇：**说实话**，我也不知道。我现在22岁，别人都说我有钱，有车，有房，应该是世界上最开心的人！可是我就是不开心，因为这些年，**不管**我做什么，我妈都**有意见**。

苏飞：为什么这么说？

大勇：我**玩滑板**，她**反对**；我玩摩托车，她也反对；我租女朋友，她还是反对！

苏飞：什么？你还租女朋友？

大勇：别这么**吃惊**！现在，在网上，你想买什么，租什么，都可以！而且，现在租男女朋友非常**流行**，你也应该试一试！

苏飞：你说什么呀！你知道，我不喜欢**赶时髦**，而且我已经有男朋友了。

大勇：别生气！我是**开玩笑**的。我这几天**心情**不好，爸
bié shēng qì   wǒ shì kāi wán xiào de   wǒ zhè jǐ tiān xīn qíng bù hǎo   bà
妈现在也不给我钱买新摩托车。
mā xiàn zài yě bù gěi wǒ qián mǎi xīn mó tuō chē

苏飞：我懂你的心情。其实，小姨的确太**强势**了。
wǒ dǒng nǐ de xīn qíng   qí shí xiǎo yí dí què tài qiáng shì le

大勇：可不，**连**我爸也说她是 "**母老虎**"。
kě bù lián wǒ bà yě shuō tā shì   mǔ lǎo hǔ

Culture Corner

mā bǎo nán
妈宝男 is modern slang for a grown-up man who always listen to whatever his mother tells him to do, a "mummy's boy." This is a mostly negative term and sometimes is translated as "Mr. Loser." The wide use of this term is likely a consequence of it being commplance for Chinese mothers to intervene in the lives of their children.

zū nǚ   nán péng yǒu
租女/男朋友 is the practice of renting a girlfriend or boyfriend. It is not entirely uncommon in China for people to do this due to pressure from parents to find a partner when reaching the expected age of marriage - they may rent someone to meet their parents, but it is just for show. Others may rent someone attractive to accompany them to social events. While the practice is controversial and many disapprove, it is not illegal and not considerd particularly shameful. But it is not the same as 招妓 (prostitution), which is illegal.

Key Vocabulary

迟到 chí dào	adj.	late	放弃 fàng qì	v.	give up
控制 kòng zhì	v.	to control	速度 sù dù	n.	speed
技术 jì shù	n.	skills	万一 wàn yī	conj.	what if; in case
关心 guān xīn	v.	to care	证明 zhèng míng	v.	to prove
管理 guǎn lǐ	v.	to manage	讨厌 tǎo yàn	v.	to dislike
世界上 shì jiè shàng		in the world	从小到大 cóng xiǎo dào dà	phr.	from childhood; since I was little
说实话 shuō shí huà	phr.	to be honest	不管 bù guǎn	conj.	no matter
反对 fǎn duì	v.	to oppose	吃惊 chī jīng	adj.	shocked
流行 liú xíng	adj.	popular	赶时髦 gǎn shí máo	phr.	follow the trend
开玩笑 kāi wán xiào	phr.	to joke	心情 xīn qíng	n.	mood
强势 qiáng shì	adj.	bossy	连 lián	conj.	even
生命 shēng mìng	n.	life (existence)	算了吧 suàn le ba	phr.	forget it; never mind
危险 wēi xiǎn	n. adj.	danger; dangerous	有意见 yǒu yì jiàn	phr.	to have an opinion; to disagree
运气 yùn qi	n.	luck; fortune	不管… 都… bù guǎn … dōu …		no matter… all…; regardless of…

English Version

Su Fei: You are **finally** here! I have been waiting for you for a long time.

Dayong: Cousin (older female maternal cousin), sorry I'm **late**!

Su Fei: It's okay! Do you know **why** I asked you to come out for tea today?

Dayong: I don't know! However, if my mother asked you to persuade me to **give up** the motorbike, then **leave it**.

Su Fei: How can I leave it! **Auntie** told me, you drove the motorbike into the river, was that true?

Dayong: It's true. I just didn't **control** the speed well at that time, it has nothing to do with my driving **skills**! Plus, I was not injured anyway.

Su Fei: You are lucky that you were not injured! **What if** it was a **life-threatening injury**, what would you do?

Dayong: You are thinking too much. There are not so many "what ifs" **in the world**.

Su Fei: We are a family and everyone **cares about** your safety. Plus, do you really like motorbikes so much?

Dayong: It's not that I like motorcycles. I just want to **prove** to everyone that I'm not a "**mummy's boy**!"

Su Fei: Who said you are a 'mummy's boy'?

Dayong: Am I not? **Since I was little**, my mother has always asked me to listen to her, including **college entrance examinations**, **blind dates**, and helping dad **manage** the company - I **disliked it** all. She never knows what I really want!

Su Fei: Then tell me, what **on earth** do you want?

Dayong: To be honest, I don't know either. I am 22 years old, and everyone says that I have money, cars, and houses - should be the happiest man in the world! But I am just unhappy, because all these years, **no matter** what I do, my mother always **has opinions**.

Su Fei: Why do you say this?

Dayong: I took up **skateboarding**, she **opposed**; I played with motorbikes, she also opposed; I rented girlfriends, she still opposed!

Su Fei: What? You even rented girlfriends?

Dayong: Don't be so **shocked**! Nowadays, you can buy or rent anything you want online! Moreover, renting boyfriends and girlfriends is very **popular** these days, you should give it a try too!

Su Fei: What did you say! You know, I don't like to **follow the trend**, plus I already have a boyfriend.

Dayong: Don't be angry! I was just **joking**. I am in a bad **mood** these days, and my parents are not giving me money to buy a new motorbike either.

Su Fei: I understand. To be honest, auntie is indeed a bit too **bossy**.

Dayong: Of course, **even** my dad called her a "**tigress**."

30 铁娘子
tiě niáng zi
THE IRON LADY

杰明：你今天怎么了？看上去有点儿不高兴。
　　　nǐ jīn tiān zěn me le kàn shàng qù yǒu diǎn ér bù gāo xìng

张云：没什么！只是，我们陈总离开公司了。
　　　méi shén me zhǐ shì wǒ men chén zǒng lí kāi gōng sī le

杰明：哪个"陈总"？
　　　nǎ gè chén zǒng

张云：就是我们以前的**主管**，你忘了吗？
　　　jiù shì wǒ men yǐ qián de zhǔ guǎn nǐ wàng le ma

杰明：哦，我想起来了，就是那个超级**好玩儿**的老板。他
　　　ò wǒ xiǎng qǐ lái le jiù shì nà gè chāo jí hǎo wán ér de lǎo bǎn tā
　　　被炒了吗？
　　　bèi chǎo le ma

张云：没有。他**退休**了，昨天才走的。走的时候，还给我们
　　　méi yǒu tā tuì xiū le zuó tiān cái zǒu de zǒu de shí hòu hái gěi wǒ men
　　　发礼物。
　　　fā lǐ wù

杰明：他给你们发了什么礼物？
　　　tā gěi nǐ men fā le shén me lǐ wù

张云：是他专门**订做**的 "笑脸杯子"！他说我们要记
　　　shì tā zhuān mén dìng zuò de xiào liǎn bēi zi tā shuō wǒ men yào jì
　　　住他的笑脸，要**笑口常开**，这样就会一直开心！
　　　zhù tā de xiào liǎn yào xiào kǒu cháng kāi zhè yàng jiù huì yì zhí kāi xīn

杰明：这个人真是太有趣了！我**要是**你，也会很喜欢他。
　　　zhè gè rén zhēn shì tài yǒu qù le wǒ yào shì nǐ yě huì hěn xǐ huān tā

张云：他还告诉我们：世界上没有什么比开心**更重要**！所以，不管我们的工作有多忙，他都**鼓励**我们找时间放松，还经常给我们**讲笑话**。

杰明：唉，这么好的老板，走了真**可惜**！

张云：是啊！现在我们部门来了个新主管，是个女的，**大概**四十多岁。上班第一天，就**演讲**那句名言："**靠山山倒，靠人人跑，靠自己最好**"！

杰明：真**奇怪**！她为什么告诉你们这句话？

张云：她是在**提醒**我们：现在陈总走了，我们不能再靠别人，只能靠自己！

杰明：看来，她就是传说中的"**铁娘子**"！

张云：没错！而且，她总是**冷着脸**，平时做事很**认真**，讨厌**出差错**，所以对大家要求很**严格**。

杰明：这样的人的确太**严肃**了！

张云：可不！她平时也很少说话，甚至，我们已经**相处**了一个星期，却**从来没**看她笑过。

杰明：真是应了那句中文成语"**不苟言笑**"！

张云：是啊！她就是一个"不苟言笑"的人。而且，昨天陈总刚走，她就把陈总送她的笑脸杯子**扔**了。

杰明：不会吧？

张云：是真的！如果陈总知道，一定会给她一个冷脸杯子！

Key Vocabulary

好玩儿 hǎo wán ér	adj.	fun	炒 chǎo	v.	to fire
退休 tuì xiū	v.	to retire	要是 yào shì	conj.	if
订做 dìng zuò	v.	to commission something	鼓励 gǔ lì	v.	to encourage
可惜 kě xī	adj.	pity; regrettable	演讲 yǎn jiǎng	v.	to make a speech
奇怪 qí guài	adj.	strange	提醒 tí xǐng	v.	to remind
出差错 chū chā cuò	v.	to make a mistake	认真 rèn zhēn	adj.	serious (attitude)
严肃 yán sù	adj.	solemn	相处 xiāng chǔ	v.	to get along
笑口常开 xiào kǒu cháng kāi	idiom	smile often	不苟言笑 bù gǒu yán xiào	idiom	never smile a single time
严格 yán gé	adj.	strict	扔 rēng	v.	to throw away
名言 míng yán	n.	famous saying; quote	传说 chuán shuō	n.	legend
笑脸 xiào liǎn	n.	smiling face	从来没 cóng lái méi	adv.	have never (ever)
冷脸 lěng liǎn	n.	cold face	要是…也… yào shì… yě…		if… also…

Learning Tip

铁娘子 (tiě niáng zi) (iron lady) is slang used to describe women (usually in business or politics) who have very tough working attitude, and are often hard for others to get along with.

English Version

Jamie: What happened today? You look a little unhappy.

Zhang Yun: Nothing! It's just that our Manager Chen (boss Chen) has left the company.

Jamie: Which "Manager Chen"?

Zhang Yun: He was our former **head of department**, have you forgotten?

Jamie: Oh, I remember now, it's that super **fun** boss. Was he **fired**?

Zhang Yun: No. He **retired** and only left yesterday. When he was leaving, he even gave gifts to us all.

Jamie: What gifts did he give you?

Zhang Yun: The "smiling cup" he **had** specially **made**! He said that we must remember his smiling face and **keep our happy smiling face open often**, so that we can always stay happy!

Jamie: This man is indeed so fun! **If** I were you, I would also like him too.

Zhang Yun: He also told us: Nothing in the world is **more important** than happiness! Therefore, no matter how busy our work was, he **encouraged** us to find time to relax, he often **told** us **jokes** too.

Jamie: Well, such a good boss, what a **pity** to see him leave!

Zhang Yun: Indeed! Now our department has a new director, a woman, **about** in her forties. On the first day of work, she **made a speech** of that famous saying: "**If you rely on the mountain, it falls; if you rely on people, they run away; so you must rely on yourself!**"

Jamie: That's **strange**! Why did she tell you guys this saying?

Zhang Yun: She was **reminding** us: Now that Manger Chen is gone, we can no longer rely on others, we can only rely on ourselves!

Jamie: It seems that she is the legendary "**iron lady**"!

Zhang Yun: That's right! Also, she always **shows a cold face**, often very **serious** with tasks and hates **making mistakes**, hence, she is very **strict** with everyone.

Jamie: Such a person is indeed too **solemn**!

Zhang Yun: Indeed! She also hardly talks, and we have been **getting along** for a week so far, but **never** even saw her smile once.

Jamie: This really matched with the Chinese idiom "**Never Smile a Single Time**"!

Zhang Yun: Yes! She is indeed a person who "Never Smiles a Single Time". Moreover, as soon as Manager Chen left yesterday, she **threw away** the smiling cup he gave her immediately.

Jamie: No way?

Zhang Yun: It's true! If Manager Chen knew, he would have definitely given her a cold-faced cup!

31 千真万确
qiān zhēn wàn què

ABSOLUTELY TRUE

苏飞：最近还顺利吗？

李丽：还算顺利！就是**心情**有点儿不好。

苏飞：发生什么了？

李丽：我跟小海已经**停止**约会了。

苏飞：不会吧？你们上次不是约得好好的吗？

李丽：**说来话长**。第一次和第二次约会都很顺利，我也开始对他有了**好感**。可是第三次...

苏飞：第三次怎么了？快告诉我。

李丽：第三次我去了他家，本来聊得很开心。可**后来**他去洗手间的时候，把手机忘在我坐的沙发上，我在他的手机上看到了一条很奇怪的**短信**。

苏飞：是什么短信？

李丽：是一个男人发给他的**暧昧**短信，写着："我也爱你，明晚见"！

苏飞：什么？这怎么可能？

李丽：他回来以后，我让他**解释**。他很**尴尬**，什么也不回答。过了一会儿，他突然跟我道歉，然后告诉我他是**同性恋**，发短信的人是他的"**地下男友**"。

苏飞：我没听错吧？这是真的吗？

李丽：**千真万确**！

苏飞：这太难让人**接受**了！而且，**既然**他是同性恋，为什么还要跟你相亲、约会？

李丽：他说自己从来对女人都不感兴趣。可是，他是**独生子**，父母对他**期望**很高，也希望他能**结婚生子**。

苏飞：居然是为了结婚生子和你在一起，真是个"**渣男**"！对了，他的父母知道他是同性恋吗？

李丽：**肯定**不知道啊！他从来都不敢告诉他父母。如果他们知道了，会被气死！

苏飞：可是，不管怎么说，他都不应该和你**交往**。难道他是**双性恋**吗？

李丽：不管他是同性恋，还是双性恋，我们之间已经**结束**了。

苏飞：这种人太让人**失望**了！我真为你**难过**。

李丽：没关系！**幸亏**发现得早。

Key Vocabulary

心情 xīn qíng	n.	mood	停止 tíng zhǐ	v.	to stop
好感 hǎo gǎn	n.	good feeling	短信 duǎn xìn	n.	text message
暧昧 ài mèi	adj.	ambiguous (relationship)	解释 jiě shì	v.	to explain
尴尬 gān gà	adj.	embarrassed	渣男 zhā nán	n.	scumbag
接受 jiē shòu	v.	to accept	独生子 dú shēng zǐ	n.	only child
交往 jiāo wǎng	v.	to date	同性恋 tóng xìng liàn	n.	gay
肯定 kěn dìng	adv.	definitely; of course	双性恋 shuāng xìng liàn	n.	bisexual
失望 shī wàng	adj.	disappointed	幸亏 xìng kuī	adv.	luckily
期望 qī wàng	n.	expectation	结束 jié shù	v.	to end
难过 nán guò	v.	to feel bad or sorry	道歉 dào qiàn	v.	to apologise
顺利 shùn lì	adj.	smooth; going well	感兴趣 gǎn xìng qù	phr.	to be interested in

Learning Tip

qiān zhēn wàn què
千真万确 literally means "thousands true and ten thousand correct", it is a Chinese idiom used to emphasize something being correct.

English Version

Su Fei: Is everything going well recently?

Li Li: It's fine! It's just that I am not in a very good **mood**.

Su Fei: What happened?

Li Li: Xiaohai and I already **stopped** dating.

Su Fei: No way? Didn't you have a good time together last time?

Li Li: It's a long story. The first and second dates went well, and I already started to have **good feelings** for him. But the third time...

Su Fei: What happened on the third time? Tell me now.

Li Li: The third time I went to his house, we had a happy conversation at the beginning. But **later** when he went to the toilet, his phone was left on the sofa I was sitting on, and by accident I saw a strange **text message**.

Su Fei: What kind of text message?

Li Li: It was an **ambiguous** text message from a man, saying "I love you too, see you tomorrow night!"

Su Fei: What? How is this possible?

Li Li: After he came back, I asked him to **explain**. He was **embarrassed** and didn't answer anything. After a while, he suddenly apologized to me, and then told me that he was **gay** and the person who texted him was his "**secret boyfriend**" (underground boyfriend).

Su Fei: Did I hear that right? Is this really true?

Li Li: Absolutely true!

Su Fei: This is too hard to **accept**! Also, **since** he is gay, why did he go on the blind dates with you?

Li Li: He said he was never interested in women. However, he is **the only child**, hence his parents have high **expectations** of him and hope he can **get married and have children**.

Su Fei: So he dated you only to get married and have children. What a **scumbag**! By the way, do his parents know that he is gay?

Li Li: Of course not! He never dared to tell his parents. If they knew, they would be angry to death!

Su Fei: But, no matter what, he should have never **dated** you. Is he even **bisexual**?

Li Li: Whether he is gay or bisexual, we are **over** now.

Su Fei: This kind of person is so **disappointing**! I feel so **sorry** for you.

Li Li: It doesn't matter! **Fortunately**, this was discovered early.

32 失败是成功之母
shī bài shì chéng gōng zhī mǔ
Failure is the Mother of Success

杰明： 告诉你一个好消息，我终于**通过了驾照考试**。
gào sù nǐ yí gè hǎo xiāo xi　wǒ zhōng yú tōng guò le jià zhào kǎo shì

苏飞： 哇！**太棒了**！其实，我一直担心你**过不了**...
wā　tài bàng le　qí shí　wǒ yì zhí dān xīn nǐ guò bù liǎo

杰明： 是啊！本来我也没**信心**，**毕竟**之前已经考了两次，
shì a　běn lái wǒ yě méi xìn xīn　bì jìng zhī qián yǐ jīng kǎo le liǎng cì

两次都**失败**了！这次已经是第三次了，但**成功**了。
liǎng cì dōu shī bài le　zhè cì yǐ jīng shì dì sān cì le　dàn chéng gōng le

苏飞： 这就叫做：**失败是成功之母**！我真为你**骄傲**。
zhè jiù jiào zuò　shī bài shì chéng gōng zhī mǔ　wǒ zhēn wèi nǐ jiāo ào

杰明： 是啊！**幸亏**我当时没**放弃**，不然就没机会成功
shì a　xìng kuī wǒ dāng shí méi fàng qì　bù rán jiù méi jī huì chéng gōng

了。
le

苏飞： 你的运气真好。我有个朋友，考了四次都没过，都
nǐ de yùn qì zhēn hǎo　wǒ yǒu gè péng yǒu　kǎo le sì cì dōu méi guò　dōu

快放弃了。
kuài fàng qì le

杰明： 真**可惜**！你应该**鼓励**他不要放弃。毕竟，我一个外
zhēn kě xī　nǐ yìng gāi gǔ lì tā bú yào fàng qì　bì jìng　wǒ yí gè wài

国人都能考过，他一个中国人**肯定**也能过。
guó rén dōu néng kǎo guò　tā yí gè zhōng guó rén kěn dìng yě néng guò

苏飞：没错，我一会儿就给他发**微信**鼓励鼓励。

杰明：现在有了**驾驶证**，我打算去买一辆**二手车**，你觉得怎么样？

苏飞：我觉得可以。虽然，我们**平时**坐地铁出门很方便，可是，如果我们有自己的车，就可以在周末开车去**郊区**玩。

杰明：我也这么觉得。**要不**，周六你跟我去车市看一看有没有合适的车？

苏飞：可以，我比较喜欢红色和蓝色的车，你呢？

杰明：我更喜欢黑色，黑色既**神秘**又**性感**。

苏飞：**随便你吧**。不过，**车牌号**最好有中国的**幸运数字**：6、8、9，一定不能有**倒霉数字**"4"。

杰明：我真不懂，为什么"6、8、9"是幸运数字，"4"就是倒霉数字？

苏飞：你看：6 -"**六六大顺**"、8 -"**八八发财**"、9 -"**长长久久**"，都是很好的意思。可是，"4"却和"**死**"同音，当然倒霉！

杰明：**原来是这样**！只是，难道车牌上有"4"这个数字就一定会倒霉吗？

苏飞：不一定，可就是感觉**不吉利**！所以很多人都不喜欢。你还记得我的**疯狂**表弟吗？他的两辆摩托车都有"4"，**结果**呢，都出车祸了！

杰明：怎么那么**巧**！
　　　zěn me nà me qiǎo

苏飞：对啊！所以，我**小姨**已经**禁止**他以后买**任何**有带
　　　duì a　　suǒ yǐ　　wǒ xiǎo yí yǐ jīng jìn zhǐ tā yǐ hòu mǎi rèn hé yǒu dài
　　　"4"的车子了。
　　　　　de chē zi le

Culture Corner

In Chinese culture, numbers like 6, 8, 9 are considered as lucky numbers because they share the same sounds with phrases of good wishes and fortune. Whether buying a car or choosing a mobile number, these numbers are highly preferred and even sought after. It is common that people will pay more, sometimes a lot more, for things containing these numbers.

In contrast, the number 4 四 (sì) is considered unlucky due to it sounding similar to the word for death 死 (sǐ) and therefore is avoided as much as possible.

Key Vocabulary

通过 tōng guò	v.	to pass	驾照 jià zhào	n.	driving license
信心 xìn xīn	n.	confidence	失败 shī bài	v.	to fail
成功 chéng gōng	v.	to succeed	骄傲 jiāo ào	adj.	proud
幸亏 xìng kuī	adv.	luckily	放弃 fàng qì	v.	to give up
鼓励 gǔ lì	v. / n.	to encourage / encouragement	二手 èr shǒu	adj.	second-hand
要不 yào bù	conj.	what about... (indicate suggestion)	性感 xìng gǎn	adj.	sexy
车牌号 chē pái hào	n.	plate number	幸运 xìng yùn	adj.	lucky
倒霉 dǎo méi	adj.	unlucky	巧 qiǎo	adj.	coincidental
禁止 jìn zhǐ	v.	to prohibit	任何 rèn hé	adj.	any
吉利 jí lì	adj.	auspicious	结果 jié guǒ	n. / conj.	result / consequently
一定 yí dìng	adv.	definitely; certainly	考试 kǎo shì	n.	exam
不一定 bù yí dìng	adv.	not necessarily	驾驶证 jià shǐ zhèng	n.	driving licence
比较 bǐ jiào	adv.	relatively	随便你吧 suí biàn nǐ ba	phr.	it's up to you; whatever you like
太棒了 tài bàng le	phr.	great; awesome	既...又... jì... yòu...		both...and...
失败是成功之母 shī bài shì chéng gōng zhī mǔ	idiom	failure is the mother of success			

English Version

Jamie: I have good news. I finally **passed** the **driving license test**.

Su Fei: Wow! **Awesome**! Actually, I had been worried you may **not make it through**…

Jamie: Yeah! I didn't have any **confidence** originally, **after all**, I had taken the exam twice before and **failed** both times! This is already the third time, but I **succeeded**.

Su Fei: This is called: **Failure is the mother of success**! I am so **proud** of you.

Jamie: Indeed! **Fortunately**, I didn't **give up** at the time, otherwise there would be no chance of success.

Su Fei: You are really lucky. I have a friend who has failed the exam four times, and almost gives up now.

Jamie: What a **pity**! You should **encourage** him not to give up. After all, I passed the test as a foreigner; as Chinese, he can **certainly** pass it too.

Su Fei: That's right, I will soon send him a **WeChat message** to encourage.

Jamie: Now that I have a **driving license certificate**, I plan to buy a **second-hand car**. What do you think?

Su Fei: I agree. Although it's **usually** convenient for us to go out by metro, if we have our own car, we can drive to the **suburbs** to hang out on weekends.

Jamie: I think so too. **What about** on Saturday you go to the car market with me to see if there is a suitable car?

Su Fei: OK! I prefer red and blue cars. What about you?

Jamie: I prefer black, **mysterious** and **sexy**.

Su Fei: Whatever you want! But, it would be better if the **license plate number** has Chinese **lucky numbers** 6, 8, 9 and definitely without the **unlucky number** 4.

Jamie: I really don't understand. Why are 6, 8, 9 lucky numbers, and 4 the unlucky number?

Su Fei: See: 6 for **"all goes well"**, 8 for **"prosperous and fortune making"**, and 9 for **"long lasting"** - all sound the same with words of good meanings. However, 4 sounds the same as **"death"**, of course it's very unlucky!

Jamie: I see! But, if anyone had number "4" on the license plate, will they definitely be **unlucky**?

Su Fei: Not necessarily, but it just feels not **inauspicious**! That's why many people don't like it. Do you remember my **crazy** cousin? Both of his motorbikes had number "4", and **as a result**, both had accidents!

Jamie: What a **coincidence**!

Su Fei: Indeed! That's why my **aunt** has **forbidden** him to buy **any** car with number "4" in the future.

33 十二生肖
shí èr shēng xiào
THE TWELVE ZODIAC SIGNS

杰明：飞飞，中国的**十二生肖**有哪些动物？

苏飞：你忘了吗？有：鼠、牛、虎、兔、龙、蛇、马、羊、猴、鸡、狗、猪。

杰明：这个**顺序**是十二年内的**正确**顺序吗？

苏飞：对！生肖年都是**按照**这个顺序**循环**的。比如说，2020年是鼠年，2021年是牛年，2022年是虎年，这样一直算下去，2031年就是猪年。

杰明：我的中国同事们都说，在十二生肖中，鼠年最**不吉利**，你也这样认为吗？

苏飞：当然了！**首先**，老鼠住在又**脏**又**暗**的地方，平时还喜欢**偷**吃东西，本来就不是**善良**的动物。而且，历史上的许多**灾难**也发生在鼠年，比如：2008年的"**汶川地震**"和2020年的"**新冠疫情**"。

杰明：看来，鼠年真是倒霉年！我记得有个成语叫做"**胆小如鼠**"，意思是**胆子小**得像老鼠。就像我们公司的小张，平时做什么都非常胆小，**哪怕**被**上司**骂，也不敢说话。

苏飞：你**属猴**，难道你这只猴子就最**胆大**吗？

杰明：猴子虽然不是最胆大的动物，但是非常**聪明**、**好动**，喜欢**竞争**，做事成功的机会大。而且，我在网上还查到，说属猴的人很**浪漫**，你不觉得吗？

苏飞：**看把你美得**！

杰明：对了，那中国人最喜欢哪些生肖年呢？

苏飞：当然是那些既聪明，又善良的动物。比如说：牛年、狗年、猴年、马年、羊年、龙年之类，**特别是**龙年。

杰明：的确！龙在中国文化里是最**神圣**的动物，**地位**当然最高！

苏飞：对！而且属龙的人非常**勇敢**、**上进**、**专心**！就像我爸爸，还有李丽。

杰明：真有意思！你爸爸是美术**高手**，李丽是管理学**博士**，的确都是非常**优秀**的人！

苏飞：是啊！我有时候真希望自己也属龙。属鸡没什么意思！有人说属鸡的人很**固执**。

杰明：别这么说！我觉得鸡很可爱，也很勇敢。**不仅**是善
良的动物，**而且**鸡肉和鸡蛋都是健康美食！

bié zhè me shuō　wǒ jué de jī hěn kě ài　yě hěn yǒng gǎn　bù jǐn shì shàn
liáng de dòng wù　ér qiě jī ròu hé jī dàn dōu shì jiàn kāng měi shí

Learning Tip

kàn bǎ nǐ měi de
看把你美得 literally means "look how beautiful you appear", it is a colloquial term to jokingly express doubts in one's statement, but not offensively so. In this conversation it is translated as "check you out."

Culture Corner

The Chinese zodiac, repeating in a 12-year cycle, is a classification scheme based on the Chinese lunar calendar that assigns an animal and its reputed attributes to each year. Each animal has its unique characteristics and is often associated with the personalities of people who are born in the year of that animal.

Key Vocabulary

顺序 shùn xù	*n.*	sequence
按照 àn zhào	*prep.*	according to
善良 shàn liáng	*adj.*	kind-hearted
胆小如鼠 dǎn xiǎo rú shǔ	*idiom*	as timid as a rat
胆大 dǎn dà	*adj.*	daring
好动 hào dòng	*adj.*	active (*people or animals*)
神圣 shén shèng	*adj.*	sacred; holy
勇敢 yǒng gǎn	*adj.*	brave
专心 zhuān xīn	*adj.*	attentive
优秀 yōu xiù	*adj.*	excellent
地震 dì zhèn	*n.*	earthquake
疫情 yì qíng	*n.*	pandemic
吉利 jí lì	*adj.*	lucky; auspicious
健康美食 jiàn kāng měi shí	*n.*	healthy delicacy
正确 zhèng què	*adj.*	correct
循环 xún huán	*v.*	to circulate
灾难 zāi nàn	*n.*	disaster
上司 shàng si	*n.*	superior
浪漫 làng màn	*adj.*	romantic
竞争 jìng zhēng	*n.*	competition
地位 dì wèi	*n.*	status
上进 shàng jìn	*adj.*	progressive
高手 gāo shǒu	*n.*	master; expert
固执 gù zhí	*adj.*	stubborn
生肖 shēng xiào	*n.*	Chinese zodiac
生肖年 shēng xiào nián	*n.*	zodiac year
属龙 shǔ lóng	*phr.*	born in the Year of the Dragon
不仅… bù jǐn 而且… ér qiě		not only… but also…

English Version

Jamie: Feifei, which animals are there in the **12 Chinese zodiac**?

Su Fei: Have you forgotten? They are rat, ox, tiger, rabbit, dragon, snake, horse, sheep, monkey, chicken, dog, and pig.

Jamie: Is this **order** the **correct** order in 12 years' time?

Su Fei: Yes! The zodiac year always **circulates according to** this 12-year cycle. For example, 2020 is the year of the rat, 2021 is the year of the ox, and 2022 is the year of the tiger. Counting further ahead, 2031 is the year of the pig.

Jamie: My Chinese colleagues all said that among the Chinese zodiac, the year of the rat is the most **unlucky**. Do you think so too?

Su Fei: Of course! **First of all**, rats live in **dirty** and **dark** places and like to steal food. They are not **kind** animals. Also, many **disasters** in history often occurred in the Year of the Rat, such as the "**Wenchuan Earthquake**" in 2008 and the "**Covid Pandemic**" in 2020.

Jamie: It seems that the Year of the Rat was really an ill-fated year! I remember an idiom called "**as timid as a rat**". Just like Xiao Zhang in our company, he is very **timid** to do anything, **even if** he was scolded by his **superior**, he dared not to speak.

Su Fei: You were **born in the Year of Monkey**. Are you the most **daring** monkey?

Jamie: Although monkeys are not the most daring animals, they are very **smart** and **active**. They like **competition** and have a great chance of success. Moreover, I also found on the Internet that people who are born in the Year of Monkey are **romantic**, don't you think?

Su Fei: Check you out!

Jamie: By the way, which zodiac years do Chinese people like most?

Su Fei: Of course those smart and kind animals. For example: the year of the ox, the year of the dog, the year of the monkey, the year of the horse, the year of the sheep, the year of the dragon, etc., **especially** the year of the dragon.

Jamie: Indeed! Dragon is the most **holy** animal in Chinese culture, and of course it has the highest **status**!

Su Fei: Yes! And people born in the Year of Dragon are very **brave, motivated, attentive**! Just like my Dad and Li Li.

Jamie: That's interesting! Your Dad is a fine art **master**, and Li Li has a **PhD** in management. They are indeed very **excellent**!

Su Fei: Yeah! Sometimes I wish I was born in the Year of the Dragon too. It's meaningless to be born in the Year of Chicken! Some say that people who are born in this zodiac year are very **stubborn**.

Jamie: Don't say that. I think chicken is very cute and brave. **Not only** are kind animals, **but also** chicken meat and eggs are healthy delicacies!

34 圣诞节的神秘礼物
shèng dàn jié de shén mì lǐ wù

A Mysterious Christmas Gift

杰明： **圣诞快乐**！你今天穿得真**帅气**。
shèng dàn kuài lè　nǐ jīn tiān chuān de zhēn shuài qi

王大伟： 圣诞快乐！你看上去也很**酷**！
shèng dàn kuài lè　nǐ kàn shàng qù yě hěn kù

杰明： 今天，公司的圣诞**晚会**，**主题**颜色是绿色和红
jīn tiān　gōng sī de shèng dàn wǎn huì　zhǔ tí yán sè shì lǜ sè hé hóng
色，我选择绿色，所以**戴**了绿领带！
sè　wǒ xuǎn zé lǜ sè　suǒ yǐ dài le lǜ lǐng dài

王大伟： 我也喜欢绿色，可是觉得红色更**适合**自己，所
wǒ yě xǐ huān lǜ sè　kě shì jué de hóng sè gèng shì hé zì jǐ　suǒ
以选择红领带！
yǐ xuǎn zé hóng lǐng dài

杰明： 嗯！你的红领带和你的红裤子看上去确实非
ng　nǐ de hóng lǐng dài hé nǐ de hóng kù zi kàn shàng qù què shí fēi
常搭配！
cháng dā pèi

王大伟： 过奖！你知道吗？昨天**平安夜**，我收到了十八个
guò jiǎng　nǐ zhī dào ma　zuó tiān píng ān yè　wǒ shōu dào le shí bā gè
苹果礼物！
píng guǒ lǐ wù

杰明： 你也太**受欢迎**了吧？我才收到了三个。
nǐ yě tài shòu huān yíng le ba　wǒ cái shōu dào le sān gè

王大伟： 怎么？你**嫉妒**我？
zěn me　nǐ jí dù wǒ

杰明： 当然嫉妒了！你来公司比我晚，但更受欢迎！
dāng rán jí dù le nǐ lái gōng sī bǐ wǒ wǎn dàn gèng shòu huān yíng
对了，今天晚会上怎么没看见老张？
duì le jīn tiān wǎn huì shàng zěn me méi kàn jiàn lǎo zhāng

王大伟：老张**心情**不好，很早就走了。他昨天晚上和他
lǎo zhāng xīn qíng bù hǎo hěn zǎo jiù zǒu le tā zuó tiān wǎn shàng hé tā
女朋友**分手**，伤心极了。
nǚ péng yǒu fēn shǒu shāng xīn jí le

杰明： 平安夜闹分手，不会吧？
píng ān yè nào fēn shǒu bú huì ba

王大伟：是真的。他说那女的让他在平安夜送她一个
shì zhēn de tā shuō nà nǚ de ràng tā zài píng ān yè sòng tā yí gè
苹果，老张就去买了一个最大最红的苹果。可
píng guǒ lǎo zhāng jiù qù mǎi le yí gè zuì dà zuì hóng de píng guǒ kě
是，当那女的打开礼物的时候，却**骂**他是**混蛋**！
shì dāng nà nǚ de dǎ kāi lǐ wù de shí hòu què mà tā shì hún dàn

杰明： 怎么会呢？
zěn me huì ne

王大伟：老张说，**原来**她要的不是"水果苹果"，而是
lǎo zhāng shuō yuán lái tā yào de bú shì shuǐ guǒ píng guǒ ér shì
"**手机苹果**"。
shǒu jī píng guǒ

杰明： 真是个**拜金女**！老张太**倒霉**了，怎么会遇到这
zhēn shì gè bài jīn nǚ lǎo zhāng tài dǎo méi le zěn me huì yù dào zhè
种人！
zhǒng rén

王大伟：看来，平安夜给女朋友买苹果得小心，一定要
kàn lái píng ān yè gěi nǚ péng yǒu mǎi píng guǒ děi xiǎo xīn yí dìng yào
提前问清楚她要的是什么苹果。
tí qián wèn qīng chǔ tā yào de shì shén me píng guǒ

杰明： 是啊！对了，你手上拿的是什么？
shì a duì le nǐ shǒu shàng ná de shì shén me

王大伟：哦，是我们部门一个同事送我的**神秘**礼物。
ò shì wǒ men bù mén yí gè tóng shì sòng wǒ de shén mì lǐ wù

杰明： 是什么神秘礼物？
shì shén me shén mì lǐ wù

王大伟：我也不知道，他让我回家后再打开，而且得在睡
wǒ yě bù zhī dào tā ràng wǒ huí jiā hòu zài dǎ kāi ér qiě děi zài shuì
觉**之前**打开。
jiào zhī qián dǎ kāi

杰明： 这听上去更神秘！我真**好奇**这到底是什么礼
zhè tīng shàng qù gèng shén mì wǒ zhēn hào qí zhè dào dǐ shì shén me lǐ

物。要不，你现在就打开吧，反正你的同事不在
wù yào bù nǐ xiàn zài jiù dǎ kāi ba fǎn zhèng nǐ de tóng shì bú zài
这儿。
zhè ér

王大伟： 好吧，那我现在就打开看看。
hǎo ba nà wǒ xiàn zài jiù dǎ kāi kàn kan

打开礼物...
dǎ kāi lǐ wù

王大伟： 啊！这是什么鬼！
ā zhè shì shén me guǐ

杰明： 哇！居然是一条大红蜘蛛内裤！
wā jū rán shì yì tiáo dà hóng zhī zhū nèi kù

Culture Corner

Although Christmas is not a public holiday in China, many companies and individuals celebrate it. Giving apples as gifts is a tradition on Christmas Eve as the apple represents peace due to the words sounding similar in Chinese. Hence, apples are also called the fruit of peace on this day.

píng guǒ	píng ān	píng ān guǒ
苹果	平安	平安果
apple	peace	peace fruit

In China, it is common to refer your acquaintances using the format:

lǎo
老 + surname

lǎo
老 doesn't mean "old" in this context, instead, it is a colloquial term to address people you are familiar with. Just like in the conversation, Jamie and Wang Dawei refer to their colleague as
lǎo zhāng
老张.

Head over to the LingLing Mandarin YouTube channel to watch "How to Address Anyone in Chinese" and learn more on this topic and discover the secrets of speaking like a native.

Key Vocabulary

圣诞快乐 shèng dàn kuài lè		Merry Christmas	帅（气） shuài qi	adj.	handsome
酷 kù	adj.	cool	晚会 wǎn huì	n.	party
主题 zhǔ tí	n.	theme	戴 dài	v.	to wear (accessories)
搭配 dā pèi	adj. v.	matching to match	平安夜 píng ān yè	n.	Christmas Eve
受欢迎 shòu huān yíng	adj.	popular	嫉妒 jí dù	adj.	jealous
分手 fēn shǒu	v.	to break up	骂 mà	v.	to scold
混蛋 hún dàn	n.	jerk	原来 yuán lái	adv.	it turns out
提前 tí qián	adv.	in advance	神秘 shén mì	adj.	mysterious
好奇 hào qí	adj.	curious	反正 fǎn zhèng	adv.	anyway
之前 zhī qián	prep.	before (time)	内裤 nèi kù	n.	underwear
领带 lǐng dài	n.	tie (necktie)	拜金 bài jīn	v.	materialistic; to worship money
倒霉 dǎo méi	adj.	unlucky	拜金女 bài jīn nǚ	n.	gold digger
原来 yuán lái	adv.	originally; it turns out	看上去 kàn shàng qù	v.	to look; to appear
居然 jū rán	adv.	unexpectedly; surprisingly	不是 … bú shì 而是 … ér shì		not… but rather…

English Version

Jamie: Merry Christmas! You look so **handsome** today.

Wang Dawei: Merry Christmas! You look **cool** too!

Jamie: Today, the **theme** colors of the company's Christmas **party** are green and red, I chose green, so I am **wearing** a green tie!

Wang Dawei: I also like green, but I think red is more **suitable** for me, so I chose a red tie!

Jamie: Hmm! Your red tie and your red pants look like a **good match**!

Wang Dawei: Thanks for the compliment! Do you know? Last night's **Christmas Eve**, I received eighteen apples as gifts!

Jamie: You are so **popular**! I only received three.

Wang Dawei: What? Are you **jealous** of me?

Jamie: Of course! You came to the company later than me, but already more popular! By the way, why don't we see Zhang at the party tonight?

Wang Dawei: Zhang was in a bad **mood** and left early. He **broke up** with his girlfriend last night and was very upset.

Jamie: Broke up on Christmas Eve, really?

Wang Dawei: Indeed. He said that the woman asked him to give her an apple on Christmas Eve, so Zhang went to buy the biggest and reddest apple. However, when the woman opened the gift, she **scolded** him as a **jerk**!

Jamie: How could this be?

Wang Dawei: Zhang said it **turned out** that she was not asking for a "fruit apple", instead she wanted an "**iPhone**."

Jamie: What a **gold-digger** (worship-gold-woman)! Zhang is so **unlucky**, how could he encounter such a woman!

Wang Dawei: It looks that we all have to be careful when buying apples for girlfriends on Christmas Eve. You must ask **in advance** what kind of apple she wants.

Jamie: Yeah! By the way, what are you holding?

Wang Dawei: Oh, this is a **mysterious** gift from a department colleague.

Jamie: What is the mysterious gift?

Wang Dawei: I don't know. He told me to open it after I go home, and that I must open it **before** I go to bed.

Jamie: This sounds even more mysterious! I'm really **curious** what kind of gift this is.

Why not open it now, your colleague is not here **anyway**.

Wang Dawei: Okay, let me open it now.

Opens the gift…

Wang Dawei: Ah! **What the heck is this**!

Jamie: Wow! It's a pair of **red underwear with a big-spider pattern**!

35 哭笑不得
kū xiào bù dé
UTTERLY DUMBFOUNDED

李丽：最近怎么样？
　　　zuì jìn zěn me yàng

苏飞：还可以！你呢？
　　　hái kě yǐ　　nǐ ne

李丽：还是**老样子**！对了，我上星期六给你打电话，怎么
　　　hái shì lǎo yàng zi　duì le　wǒ shàng xīng qī liù gěi nǐ dǎ diàn huà　zěn me
　　　打不通？
　　　dǎ bu tōng

苏飞：哦，上周末我带杰明去**农村**看我**爷爷奶奶**了。他
　　　ò　shàng zhōu mò wǒ dài jié míng qù nóng cūn kàn wǒ yé ye nǎi nai le　tā
　　　们家的**网络**不好，有时候接不到电话。
　　　men jiā de wǎng luò bù hǎo　yǒu shí hòu jiē bu dào diàn huà

李丽：那你们玩儿得怎么样？
　　　nà nǐ men wán ér de zěn me yàng

苏飞：很开心！村里很少来外国人，所以大家对杰明很
　　　hěn kāi xīn　cūn lǐ hěn shǎo lái wài guó rén　suǒ yǐ dà jiā duì jié míng hěn
　　　好奇。我们晚上十点才到，第二天早上，从七点
　　　hào qí　wǒ men wǎn shàng shí diǎn cái dào　dì èr tiān zǎo shàng　cóng qī diǎn
　　　开始就有很多人站在门口等着看他，男的、女的、
　　　kāi shǐ jiù yǒu hěn duō rén zhàn zài mén kǒu děng zhe kàn tā　nán de　nǚ de
　　　小的、老的都有！
　　　xiǎo de　lǎo de dōu yǒu

李丽：哈哈！杰明是什么**反应**？
　　　hā ha　jié míng shì shén me fǎn yìng

苏飞：杰明本来很**害羞**，但是很快就开始跟他们**说说笑笑**。很多人还跟他**握手**、拍照，让他感觉像个**明星**！

李丽：那你爷爷觉得杰明怎么样？

苏飞：爷爷也是第一次见外国人，总是拉他的手，**摸**他的头，还说他很可爱！后来还给了他888块钱**红包**。爷爷对他说"888"就是"**发发发**"，祝他**一路发达**！

李丽：嗯！看来你爷爷很喜欢杰明。

苏飞：是啊！不过，杰明还是有点儿**不舒服**，因为他觉得自己在爷爷面前像只**宠物**！

李丽：那你奶奶呢？

苏飞：我奶奶更喜欢他，天天给他做最好吃的饭菜。奶奶说非常喜欢他的白**皮肤**和蓝眼睛，还夸他是英国第一美男！

李丽：哇！这样的**夸奖**，杰明一定开心极了吧！

苏飞：当然了！只是，我们离开的那天发生了一件**哭笑不得**的事。

李丽：是什么事？

苏飞：杰明给爷爷奶奶家的狗大黄买的**狗食品**，**不小心**被爷爷吃了！

李丽：啊！怎么会？

苏飞：那袋狗食品是英国**进口**的，全是英文。爷爷不懂
　　　nà dài gǒu shí pǐn shì yīng guó jìn kǒu de quán shì yīng wén　yé ye bù dǒng
英文，**以为**那袋食品是买给他的。
yīng wén　yǐ wéi nà dài shí pǐn shì mǎi gěi tā de

李丽：那你们有没有告诉他？
　　　nà nǐ men yǒu méi yǒu gào sù tā

苏飞：我们**不敢**告诉他，怕他**没面子**！爷爷还说这么好
　　　wǒ men bù gǎn gào sù tā　pà tā méi miàn zi　yé ye hái shuō zhè me hǎo
吃的**零食**，下次要多买点儿。
chī de líng shí　xià cì yào duō mǎi diǎn ér

Key Vocabulary

农村 nóng cūn	n.	countryside	网络 wǎng luò	n.	internet
好奇 hào qí	adj.	curious	反应 fǎn yìng	n.	reaction
害羞 hài xiū	adj.	shy	握手 wò shǒu	v.	shake hands
说说笑笑 shuō shuō xiào xiào	phr.	to talk and laugh	一路发达 yí lù fā dá	phr.	prosperity all the way
明星 míng xīng	n.	movie star	摸 mō	v.	to stroke
红包 hóng bāo	n.	red packets	舒服 shū fu	adj.	comfortable
宠物 chǒng wù	n.	pet	皮肤 pí fū	n.	skin
夸奖 kuā jiǎng	n. / v.	praise / to praise	狗食品 gǒu shí pǐn	n.	dog food
不敢 bù gǎn	v.	dare not to	零食 líng shí	n.	snacks
不小心 bù xiǎo xīn		by accident	以为 yǐ wéi	v.	to think; to believe (erroneously)

Learning Tip

kū xiào bù dé
哭笑不得 basically means "not sure whether to laugh or cry," it is a Chinese idiom used to describe something funny but also embarrassing.

English Version

Li Li: How are you doing?

Su Fei: Fine! How about you?

Li Li: Still **the old same**! By the way, I called you last Saturday, why **couldn't I get through**?

Su Fei: Oh, I took Jamie to see my **grandparents** (from father's side) in the **countryside** last weekend. The **internet** at their house was not good, sometimes they can't receive calls.

Li Li: I see, how was the trip?

Su Fei: Very happy! Very few foreigners have ever come to the village, so everyone was very **curious** about Jamie. We arrived at ten o'clock in the evening. From 7am the next morning, many people were already standing at the door waiting to see him, including men, women, young and old!

Li Li: Haha! What was Jamie's **reaction**?

Su Fei: Jamie was originally very **shy**, but soon began to **talk and laugh** with them. Many also **shook hands** and took photos with him, making him feel like a **movie star**!

Li Li: What did your grandpa think of Jamie?

Su Fei: It was also the first time Grandpa saw a foreigner. He always held Jamie's hand, **stroked** his head, and praised him as cute! Later, he even gave Jamie a **red packet** of ￥888. Grandpa said to him "888" means "**fafafa**" (**prosperous**), wishing him **Prosperity All the Way**!

Li Li: Ugh! It seems that your grandpa likes Jamie very much.

Su Fei: Indeed! However, Jamie was still a bit **uncomfortable** because he felt like a **pet** in front of grandpa!

Li Li: What about your grandma?

Su Fei: My grandma liked him even more, cooking the best meals for him every day. Grandma said she liked his white **skin** and blue eyes very much, and praised him as the most handsome man from the UK!

Li Li: Wow! This kind of **praise**, Jamie must be very happy!

Su Fei: Of course! However, a **dumbfounding** (not sure to laugh or cry) thing happened the day we left.

Li Li: What was it?

Su Fei: The **dog food** that Jamie bought for Grandpa and Grandma's dog Dahuang was **accidentally** eaten by Grandpa himself!

Li Li: Ah! How could this happen?

Su Fei: That bag of dog food was **imported** from the UK, and it's all in English. Grandpa cannot understand English and **thought** the food was bought for him.

Li Li: Did you tell him the truth?

Su Fei: We **dare not to**, for fear that he would **lose face**! Grandpa even said such delicious **snacks**, we should buy more for him in future.

36 把 胡 子 刮 了
bǎ hú zi guā le

SHAVE THE BEARD

苏飞：天啊，我快**累成狗**了！
　　　tiān a wǒ kuài lèi chéng gǒu le

杰明：在沙发上**躺**一会儿吧，为什么今天这么累？
　　　zài shā fā shàng tǎng yí huì ér ba wèi shén me jīn tiān zhè me lèi

苏飞：今天公司的**总经理**过五十岁生日，所有**员工**都
　　　jīn tiān gōng sī de zǒng jīng lǐ guò wǔ shí suì shēng rì suǒ yǒu yuángōng dōu
　　　得在**食堂**为他庆祝，我也逃不了。
　　　děi zài shí táng wèi tā qìng zhù wǒ yě táo bu liǎo

杰明：生日聚会不是应该很**放松**吗？怎么会那么累？
　　　shēng rì jù huì bú shì yìng gāi hěn fàngsōng ma zěn me huì nà me lèi

苏飞：唉！从下午四点，**上司**就让我们去厨房帮忙做
　　　āi cóng xià wǔ sì diǎn shàng si jiù ràng wǒ men qù chú fáng bāngmáng zuò
　　　大蛋糕，一共忙了三个小时。
　　　dà dàn gāo yí gòngmáng le sān gè xiǎo shí

杰明：真奇怪！为什么你们不去订一个蛋糕？自己做很
　　　zhēn qí guài wèi shén me nǐ men bú qù dìng yí gè dàn gāo zì jǐ zuò hěn
　　　麻烦。
　　　má fán

苏飞：因为，上司说**亲自做的**蛋糕才能表示**诚意**！
　　　yīn wèi shàng sī shuō qīn zì zuò de dàn gāo cái néng biǎo shì chéng yì

杰明：**原来如此**！可是，你们**有必要**这样努力**讨好**总经
　　　yuán lái rú cǐ kě shì nǐ men yǒu bì yào zhè yàng nǔ lì tǎo hǎo zǒng jīng
　　　理吗？
　　　lǐ ma

苏飞：有！上次开会，总经理对我们部门的工作报告**很**不**满意**，上司还被**批评**了。所以，他说今天是我们表现的好**机会**，只有做一个最大最漂亮的蛋糕，才能让总经理高兴。

杰明：总经理真的高兴了吗？

苏飞：当然！有员工亲自为他做蛋糕，他觉得很**有面子**！当然非常高兴。

杰明：你们上司**果然**是聪明人！

苏飞：对了，后天是我妈五十七岁生日，我们得一起去看她，你别忘了**刮胡子**！

杰明：我的胡子已经很短了，为什么还要刮？

苏飞：我妈说不够短！忘了吗？上次我们**开视频**，她说你的胡子有点儿长，最好全刮了！

杰明：不行！没有胡子看上去像个女人。

苏飞：我也喜欢你的胡子！可是，这是我妈的生日，**亲朋好友**都在，你不刮胡子，就是不给她面子。

杰明：那今天，你的上司也刮胡子了吗？

苏飞：肯定啊！不仅是上司，所有的男同事都刮了！

杰明：那总经理呢？

苏飞：他从来不**留胡子**。

杰明：唉！我今天终于**明白**为什么多数中国男人经

常 刮 胡 子 了 。
cháng guā hú zi le

苏飞：为 什 么？
wèi shén me

杰明：面 子 比 胡 子 更 重 要！
miàn zi bǐ hú zi gèng zhòng yào

Key Vocabulary

员工 yuán gōng	n.	staff	食堂 shí táng	n.	cafeteria
有必要 yǒu bì yào	phr.	to be necessary	上司 shàng si	n.	superior
放松 fàng sōng	adj.	relaxing	麻烦 má fán	adj.	troublesome
诚意 chéng yì	n.	sincerity	讨好 tǎo hǎo	v.	to please
满意 mǎn yì	adj.	satisfied	批评 pī píng	v.	to criticize
果然 guǒ rán	adv.	indeed	刮 guā	v.	to shave
亲朋好友 qīn péng hǎo yǒu	n.	friends and family	胡子 hú zi	n.	beard
面子 miàn zi	n.	face (dignity)	明白 míng bai	v.	to understand

Culture Corner

In China, most men especially under the age of 50, tend to be clean shaven as having a beard is generally considered as messy and old-looking. Often when men attend important events or visit relatives, they will shave their beard beforehand so they are entirely clean shaven.

English Version

Su Fei: Oh my God! I am **extremely tired** (as tired as a dog)!

Jamie: **Lie down** on the sofa for a while, why are you so tired though?

Su Fei: Today, the **general manager** of the company is celebrating his 50th birthday. All **employees** have to be there for him in the **cafeteria**, I couldn't escape either.

Jamie: Shouldn't the birthday party be **relaxing**? Why are you so tired?

Su Fei: Oh! From 4 o'clock in the afternoon, our **superior** took us to the kitchen to help make a big **cake**, which took three hours in total.

Jamie: So strange. Why didn't you order a cake? It's **troublesome** to make it yourselves.

Su Fei: Because the superior said a **self-made** cake shows **sincerity**!

Jamie: **I see**. But, was it **necessary** for you guys to work so hard **to please** the general manager?

Su Fei: Yes. At the previous meeting, the general manager was not **satisfied** with the work report of our department, our superior was **criticized** too. Therefore, he said that today is a good **opportunity** for us to perform. Only by making the biggest and most beautiful cake, could the general manager be happy.

Jamie: Was the general manager really happy?

Su Fei: Of course! Having employees making cakes for him, he **felt very proud** (has face), very happy of course.

Jamie: Your boss is **indeed** a clever man!

Su Fei: By the way, the day after tomorrow is my mother's 57th birthday, we have to visit her together, don't forget to **shave** your **beard**!

Jamie: My beard is already very short, why do I need to shave it?

Su Fei: My mother said it is not short enough! Forgot? Last time we **had the video call**, she mentioned your beard is a bit long and it's best to shave it all!

Jamie: No way! If I shaved all and without a beard, I would look like a woman.

Su Fei: I like your beard too! However, this is my mother's birthday, all **friends and family** will be there. If you don't shave, then you are not giving her face.

Jamie: So today, did your superior also shave?

Su Fei: Of course! Not only the superior, but all other male colleagues, all shaved!

Jamie: What about the general manager?

Su Fei: He never **keeps a beard**.

Jamie: Oh! I finally **understand** today why most Chinese men shave so often.

Su Fei: Why?

Jamie: Face is more important than a beard!

37 你要淡定
nǐ yào dàn dìng

YOU MUST CALM DOWN

苏飞：我妈刚刚给我打电话说**外公**生病住院了。
wǒ mā gānggāng gěi wǒ dǎ diàn huà shuō wài gōng shēng bìng zhù yuàn le

杰明：上个月我们去看他，那时候**好好的**，怎么**突然**就生病了？
shàng gè yuè wǒ men qù kàn tā nà shí hòu hǎo hǎo de zěn me tū rán jiù shēng bìng le

苏飞：外公**迷上**了麻将，昨天和同伴们**打麻将**的时候，**赢**了很多钱。他太高兴了，一直在大笑，结果突然**心脏病发作**！
wài gōng mí shàng le má jiàng zuó tiān hé tóng bàn men dǎ má jiàng de shí hòu yíng le hěn duō qián tā tài gāo xìng le yì zhí zài dà xiào jié guǒ tū rán xīn zàng bìng fā zuò

杰明：不会吧？赢了钱就那么高兴吗？
bú huì ba yíng le qián jiù nà me gāo xìng ma

苏飞：他以前赢得不多，可是这次却突然赢了八千元，当然高兴！
tā yǐ qián yíng de bù duō kě shì zhè cì què tū rán yíng le bā qiān yuán dāng rán gāo xìng

杰明：那他现在**情况**怎么样？
nà tā xiàn zài qíng kuàng zěn me yàng

苏飞：情况还算好！医生说没有**生命危险**。
qíng kuàng hái suàn hǎo yī shēng shuō méi yǒu shēng mìng wēi xiǎn

杰明：他的同伴们知道他有**心脏病**吗？
tā de tóng bàn men zhī dào tā yǒu xīn zàng bìng ma

苏飞：对，都知道。

杰明：如果都知道，他们怎么会让你外公赢那么多钱？

苏飞：其实，外公以前打麻将打得很不好，常常输钱。有一次，他突然输了一万，直接气晕了，一样**心脏病发作**！

杰明：天啊！看来，他不能太生气，也不能太高兴！

苏飞：是啊！医生一直告诉他，不管遇到什么事情都要**淡定**，千万不能**大喜大悲**。可是他有时候就是**控制**不住。

杰明：他一定要打麻将吗？为什么不去做其他运动？

苏飞：唉！外婆说**自从**外公**退休**后，**抱怨**生活太**无聊**！一开始他看书，可是，看着看着，就睡着了。后来又去练**太极**，练着练着，却突然和同伴**打架**。

杰明：怎么会这样啊？

苏飞：没办法！外公就是不喜欢这些慢**爱好**！所以，后来就跟**邻居**学打麻将。外婆怎么**劝**，他都不听。不过，外婆说现在不用劝了。

杰明：为什么？

苏飞：因为外公已经80岁了，经过这两件事，他的同伴们现在都**不敢**和他打麻将，怕他气死，也怕他笑死！

Key Vocabulary

突然 tū rán	adv.	suddenly	迷上 mí shàng	v.	obsess with
赢 yíng	v.	to win	输 shū	v.	to lose
心脏病发作 xīn zàng bìng fā zuò	phr.	to have a heart attack	淡定 dàn dìng	v.	to calm down
自从 zì cóng	prep.	since	太极 tài jí	n.	Tai Chi
情况 qíng kuàng	n.	condition	晕 yūn	v.	to faint
控制 kòng zhì	v.	to control	退休 tuì xiū	v.	to retire
抱怨 bào yuàn	v.	to complain	无聊 wú liáo	adj.	boring
打架 dǎ jià	v.	to fight	爱好 ài hào	n.	hobby
邻居 lín jū	n.	neighbor	劝 quàn	v.	to persuade
其他 qí tā	pro.	other; others	打麻将 dǎ má jiàng	v.	to play mahjong
千万 qiān wàn	adv. / n.	must; by all means / ten million	一开始… 后来… yī kāi shǐ … hòu lái …		at the beginning… later…

Learning Tip

大喜大悲 (dà xǐ dà bēi) literally means "big joy and big sadness." It is an idiom used to describe extreme emotions of either being too happy or too sad.

English Version

Su Fei: My mum just called saying that **grandpa** (from mother's side) is sick and in hospital now.

Jamie: We only saw him last month, and he was **fine** by then. Why does he **suddenly** get sick?

Su Fei: Grandpa has been **obsessed with** mahjong. Yesterday, when he was **playing mahjong** with his mates, he **won** a lot of money. He felt so happy and was laughing all the time, and suddenly triggered a **heart attack**!

Jamie: No way? How could he be that happy just for winning money?

Su Fei: He didn't win much before, but this time he suddenly won eight thousand yuan, of course he was very happy!

Jamie: How is his **condition** now?

Su Fei: Not too bad! The doctor said it is not **critical**.

Jamie: Did his mates know he has **heart disease**?

Su Fei: Yes, they all know.

Jamie: If they know, how could they allow your grandpa to win so much money?

Su Fei: Actually, grandpa used to play mahjong very badly and often **lost** money. Once, he suddenly lost 10,000 yuan, he was so angry that he **fainted** and suffered a **heart attack** too!

Jamie: Oh my god! It seems that he cannot be too angry, nor too happy!

Su Fei: Indeed! The doctor has kept telling him that no matter what happens, he should **calm down** and never be **overjoyed or over-sad**. But sometimes he just can't **control** it.

Jamie: Does he have to play mahjong? Why not do other activities?

Su Fei: Oh! Grandma said that **since** grandpa **retired**, he kept **complaining** about life being **boring**! At first he read the book, but after reading a while, he fell asleep. Later, He went to practice **Tai Chi**, and whilst practicing, he suddenly started a **fight** with his mates.

Jamie: How could this be?

Su Fei: No other way! Grandpa just doesn't like these slow **hobbies**! So, later he learned to play mahjong with **neighbors**. No matter how grandma **persuaded** him to give up, he wouldn't listen. However, now grandma said there is no need to persuade any more.

Jamie: Why?

Su Fei: Because grandpa is already 80 years old, after these two incidents, his mates **dare not** to play mahjong with him anymore, for fear that he would die of anger or laughter!

38 我不是笨蛋
wǒ bú shì bèn dàn

I Am Not an Idiot

张云： 大伟，听说你去**日本**见你的**网络**女友了，玩得怎么样？

王大伟：唉！**别提了**。**网恋**三个月，我们**终于**打算见面。可是一见面，就**分手**了。

张云： 怎么会这样？

王大伟：她本来说好会来飞机场**接**我，可是我到了却找不到她，打电话也是**关机**！我在飞机场等了差不多四个小时。

张云： 那**后来**呢？

王大伟：后来她终于到了。我听不懂她为什么**又**迟到**又**关机，因为我们**交流**得很困难，她的英语太差，我也不会**日语**。

张云： 你们之前在**微信**上不是交流得还行吗？怎么见面了就出问题？

王大伟：**原来**她之前一直在用**谷歌翻译**给我发信息，加上我们很少**通话**，所以没发现这个问题。不过，这还不是**最糟糕**的！

张云： 什么，还有更糟糕的吗？

王大伟：唉！她在**视频**上看上去二十多岁，可是，在**现实**中看上去**至少**四十岁！我觉得非常失望。

张云： 其实，这是很**普遍**的网恋问题。

王大伟：是啊！我只是没想到自己也会**经历**这样的事！所以我当时**心情**很不好，用谷歌翻译告诉她我生病了，晚上不能去她家，会第二天早上十点再去她家。

张云： 那你第二天真的去了吗？

王大伟：去了，但是我**提前**两个小时到了，因为我只想跟她说再见。没想到，我**敲门**的时候，开门的不是她，居然是一个**半裸**的陌生男人！

张云： 啊！然后呢？

王大伟：然后，她突然穿着**睡衣**走了出来，很**吃惊**地问我怎么那么早到，还说了一些我听不懂的话，意思好像是那男人是她弟弟，不是男朋友！

张云： 天啊！这太**尴尬**了吧。

王大伟：我什么也没说就走了，然后给她发了最后一条
wǒ shén me yě méi shuō jiù zǒu le rán hòu gěi tā fā le zuì hòu yì tiáo
短信：我不是笨蛋，再见！
duǎn xìn wǒ bú shì bèn dàn zài jiàn

Key Vocabulary

网恋 wǎng liàn	n.	online dating	终于 zhōng yú	adv.	finally
关机 guān jī	v.	to turn off	交流 jiāo liú	v.	to communicate
分手 fēn shǒu	v.	to break up	后来 hòu lái	n.	afterwards
翻译 fān yì	v. n.	to translate translation	通话 tōng huà	v.	have phone calls
视频 shì pín	n.	video	现实 xiàn shí	n.	reality
至少 zhì shǎo	adv.	at least	普遍 pǔ biàn	adj.	common
经历 jīng lì	v.	to experience	敲门 qiāo mén	v.	to knock the door
半裸 bàn luǒ	adj.	half-naked	睡衣 shuì yī	n.	pajamas
尴尬 gān gà	adj.	embarrassing	最后 zuì hòu	adj.	final
网络 wǎng luò	n.	internet	困难 kùn nán	adj.	difficult
很少 hěn shǎo	adv.	rarely; seldom	失望 shī wàng	adj.	disappointed
提前 tí qián	adv.	in advance	又…又… yòu yòu		both…and…
差不多 chà bù duō	adv.	almost	没想到… méi xiǎng dào		didn't expect that…

English Version

Zhang Yun: Dawei, I heard that you went to **Japan** to meet your **online** girlfriend. How was it?

Wang Dawei: Oh! **Don't mention it**. After three months of **online dating**, we **finally** planned to meet. But as soon as we met, we **broke up**.

Zhang Yun: How could this be?

Wang Dawei: She said she would come to **pick** me **up** at the airport, but I couldn't find her when I arrived, her phone was also **turned off** when I called! I had to wait at the airport for almost four hours.

Zhang Yun: What happened **afterwards**?

Wang Dawei: Afterwards she finally arrived. I didn't understand why she was late **and** had the phone turned off, because we had **communication** difficulties, her English is too bad, and I can't speak **Japanese**.

Zhang Yun: Didn't you chat well on **WeChat** before? How could it go wrong meeting face to face?

Wang Dawei: It turns out that she had been using **Google Translate** to send me messages, and we rarely had **calls**, so I didn't notice this problem. Plus, this is not even **the worst**!

Zhang Yun: What could be even worse?

Wang Dawei: Oh! She looked like in her twenties on the **video**, but in **reality** she looked **at least** forty! I felt very disappointed.

Zhang Yun: Actually, this is a very **common** online dating problem.

Wang Dawei: Indeed! I just didn't expect to **experience** something like this myself! So I was in a bad **mood** at the time. I used Google Translate to tell her that I was sick and could not go to her home at night, instead would go there at 10 o'clock the next morning.

Zhang Yun: Did you really go to her home the next day?

Wang Dawei: I did, but I arrived two hours **in advance** because I just wanted to say goodbye to her. However, when I **knocked on the door**, it was not her who opened the door, it was a **half-naked** male stranger!

Zhang Yun: Ah! And then?

Wang Dawei: Then, she suddenly came out in her **pajamas** and **shockingly** asked me why I arrived so early. She also said something else I didn't understand, but seemed meaning that the man was her brother, not her boyfriend!

Zhang Yun: Oh my god! This is too **embarrassing**.

Wang Dawei: I left **without saying anything**, and then sent her a **final** text message: I'm not an idiot, goodbye!

39 自欺欺人
zì qī qī rén
DECEIVING ONESELF AND OTHERS

苏飞：我表弟出**车祸**了！我和我妈下午得去医院看他。

杰明：怎么会，他不是去**韩国**了吗？

苏飞：唉！自从上次他把**摩托车**开进河里，一家人都劝他**放弃**摩托车。他不听，后来**小姨**就把他关在家里，不让他出去。

杰明：那他怎么又去了韩国？

苏飞：他被关了两个星期后，突然告诉小姨：**只要**同意他去韩国学**韩语**，他就会放弃摩托车。小姨就同意了让他去两个月。

杰明：小姨怎么会那么容易相信他？

苏飞：因为那是当时**唯一**可以让他放弃摩托车的办法！但是小姨不放心，还**专门**为他请了一个**翻译**和一个**保姆**陪他去韩国。

杰明：是啊！我记得有几个星期，他在**微信朋友圈**上天天发韩国的照片和视频。

苏飞：他不仅在微信上发，在**微博**上也发，还经常给小姨打电话，说韩国很漂亮，他的学习也在**进步**！

杰明：难道这些都是**假的**？

苏飞：对！全是假的。他**根本**没有去韩国，而是一直在上海**继续**骑摩托车。

杰明：可是，微信和微博上的照片、视频是**怎么回事**？

苏飞：都是他花钱在网上买的，既**欺骗**自己，又欺骗别人！

杰明：唉！这就是"**自欺欺人**"！那怎么突然发生车祸了，难道又开到河里去了？

苏飞：没有。他这次跟另一个同伴**撞车**了，两个人都被送到医院。小姨接到电话，才**明白**了这一切。

杰明：他伤得**严重**吗？

苏飞：他的头部被撞伤了，小腿也**骨折**了。医生说**至少**要半年才能**恢复**，而且，以后三年之内都不能骑摩托车。

杰明：真**可怜**！对了，他的翻译和保姆呢？

苏飞：别提了！见面第一天，他就把她们**辞退**了，不仅让她们留着**工资**，还给了她们**小费**为他**保密**！

Key Vocabulary

车祸 chē huò	n.	car accident	只要 zhǐ yào	conj.	as long as
唯一 wéi yī	adj.	only	专门 zhuān mén	adv.	specially
翻译 fān yì	n. v.	translator to translate	保姆 bǎo mǔ	n.	nanny
进步 jìn bù	v.	to improve	假(的) jiǎ de	adj.	fake
继续 jì xù	v.	to carry on	欺骗 qī piàn	v.	to lie
撞车 zhuàng chē	v.	to crash a car	明白 míng bai	v.	to understand
骨折 gǔ zhé	v.	to fracture	恢复 huī fù	v.	to recover
辞退 cí tuì	v.	to dismiss	保密 bǎo mì	v.	to keep a secret
小费 xiǎo fèi	n.	tip	工资 gōng zī	n.	salary
欺骗 qī piàn	v.	to deceive	怎么回事 zěn me huí shì	phr.	what happened?
同伴 tóng bàn	n.	companion	只要…就… zhǐ yào … jiù …		as long as… then…
根本 gēn běn	adv.	at all; simply (for emphasis)	既…又… jì … yòu …		both…and…

Learning Tip

自欺欺人 (zì qī qī rén) is an idiom that means to "deceive oneself and others." It is a negative term that is used to describe someone who has convinced themselves of their own lie.

English Version

Su Fei: My cousin had a **car accident**! My mum and I need to see him in the hospital this afternoon.

Jamie: What? Isn't he in **South Korea**?

Su Fei: Oh! Since last time he drove the **motorbike** into the river, the whole family had persuaded him to **give up**. He didn't listen, and later my **aunt** locked him at home to stop him from going out.

Jamie: Then why did he end up in Korea?

Su Fei: After being locked at home for two weeks, he suddenly told my aunt that he would give up motorbikes **as long as** he was allowed to go to South Korea to learn **Korean**. Then my aunt agreed to let him go for two months.

Jamie: How could your aunt believe him so easily?

Su Fei: Because at that time it was the **only** way to make him give up his motorcycle! But my aunt was still worried, hence she **specially** arranged a **translator** and a **nanny** to go to Korea with him together.

Jamie: Yeah! I remember for a few weeks, he posted photos and videos of Korea on **WeChat moments**.

Su Fei: Not only on WeChat, but also on **Weibo**. He even often called my aunt describing how beautiful Korea was and how fast his studies were **improving**!

Jamie: Were these all **fake**?

Su Fei: Yes! It's all fake. He did not go to Korea **at all**, but **continued** to ride his motorbike in Shanghai.

Jamie: But, **how to explain** the photos and videos on WeChat and Weibo?

Su Fei: He bought all of them online, through which he managed to **lie to** himself and to others!

Jamie: Oh! This is indeed the Chinese idiom "**Deceiving Oneself and Others**"! Then why did he have the accident so suddenly? Did him drive into the river again?

Su Fei: No. He **crashed** with another mate this time, and both of them were taken to the hospital. After receiving the call from the hospital, my aunt finally **understood** everything.

Jamie: Is his injury **serious**?

Su Fei: He has a head injury and a **fractured** foot. The doctor said it would take **at least** six months for him to **recover**, and that he would not be able to ride a motorbike for the next three years.

Jamie: What a **poor** guy! By the way, what happened to his interpreter and nanny?

Su Fei: Don't mention it! On the first day they met, he **dismissed** them together, not only allowing them to keep **wages**, but also giving them **tips** to **keep the secret**!

40 礼尚往来
lǐ shàng wǎng lái
THE RULE OF RECIPROCITY

苏飞：亲爱的，我的同事下个月**结婚**，**邀请**我们去参加他
qīn ài de wǒ de tóng shì xià gè yuè jié hūn yāo qǐng wǒ men qù cān jiā tā
的**婚礼**。
de hūn lǐ

杰明：真是好消息！他给你发**喜帖**了吗？
zhēn shì hǎo xiāo xi tā gěi nǐ fā xǐ tiě le ma

苏飞：发了！你看，喜帖在这儿，上面还写了我们的名
fā le nǐ kàn xǐ tiě zài zhè ér shàngmiàn hái xiě le wǒ men de míng
字。
zì

杰明：啊！太好了！他写的是我的中文名字！**对了**，你的
ā tài hǎo le tā xiě de shì wǒ de zhōng wén míng zì duì le nǐ de
这个同事叫什么名字？
zhè gè tóng shì jiào shén me míng zì

苏飞：叫王兵，就是上次参加过我生日**聚会**的那个男
jiào wáng bīng jiù shì shàng cì cān jiā guò wǒ shēng rì jù huì de nà gè nán
同事。
tóng shì

杰明：哦，我想起来了，就是那个小**光头**男，对吗？我记
ò wǒ xiǎng qǐ lái le jiù shì nà gè xiǎo guāng tóu nán duì ma wǒ jì
得他戴**眼镜**，个子矮矮的。
de tā dài yǎn jìng gè zi ǎi ǎi de

苏飞："光头男"只是他的**绰号**，你**千万**不要这样叫
guāng tóu nán zhǐ shì tā de chuò hào nǐ qiān wàn bú yào zhè yàng jiào

他。不然，他会觉得**没面子**。

杰明：唉！谁让他不**留**头发呢？

苏飞：不是他不想留头发，而是，**自从**他到了25岁，就再也长不出头发。因为这件事，他一直很**自卑**，加上他**个子矮**，又不爱说话，所以30岁以前从来没有女朋友。

杰明：看来是个很**害羞**的人！对了，我们**需要**准备什么礼物吗？

苏飞：不用买礼物。按照**传统**，参加婚礼我们一般不送礼物，而是送**红包**。

杰明：那你打算给他多少钱的红包？

苏飞：上次我过生日，他给了我300元红包，所以这次我会给他400元，这叫"**回礼**"。

杰明：我懂了！这就是中国文化里的"**礼尚往来**"。

苏飞：对！只是，他现在有件事还需要我帮忙。

杰明：是什么事？

苏飞：他太瘦了，只有100斤。可是他的**新娘**太**胖**了，有200斤。所以他问我该买什么样的衣服，能让他看上去和新娘一样胖。

杰明：这个容易！不用买衣服，只用当**吃货**，每天**大吃大喝**，胖得更**直接**！

Key Vocabulary

结婚 jié hūn	v.	to get married	邀请 yāo qǐng	n. v.	invitation to invite
婚礼 hūn lǐ	n.	wedding ceremony	聚会 jù huì	n.	party
喜帖 xǐ tiě	n.	wedding invitation	千万 qiān wàn	adv.	must *(lit. ten million)*
眼镜 yǎn jìng	n.	glasses	绰号 chuò hào	n.	nickname
留 liú	v.	to keep	自从 zì cóng	adv.	ever since
个子 gè zi	n.	height; stature	矮 ǎi	adj.	short *(stature)*
自卑 zì bēi	adj.	inferior *(feeling)*	害羞 hài xiū	adj	shy
传统 chuán tǒng	n.	tradition	红包 hóng bāo	n.	red packets
瘦 shòu	adj.	skinny	胖 pàng	adj.	fat
大吃大喝 dà chī dà hē	v.	to have feast	直接 zhí jiē	adj.	direct
新娘 xīn niáng	n.	bride	新郎 xīn láng	n.	bridegroom

Culture Corner

Chinese society is a society that follows the rule of reciprocity in many aspects, no matter in personal relationships or in business. Red packets or envelopes are "gifts" used often for big events like weddings, with the money amount often officially recorded so that the receiver can pay back the sender with a higher number the next time the sender has his or her big events.

English Version

Su Fei: Darling, my colleague will **get married** next month, he **invited** us to his **wedding ceremony**.

Jamie: That's great news! Did he send you a **wedding invitation**?

Su Fei: Yes! Look, it's here, with our names written on.

Jamie: Ah! Great! He wrote my Chinese name! **By the way**, what is the name of your colleague?

Su Fei: His name is Wang Bing, the colleague who attended my birthday **party** last time.

Jamie: Oh, I remember, he was the little **bald** man, right? I remember him wearing **glasses** and was very short.

Su Fei: "The Bald Man" is just his **nickname**, **must** not call him that. Otherwise, he would **lose face**.

Jamie: Well! He never **keeps hair** anyway.

Su Fei: It's not that he doesn't want to grow hair, but that he has never grown hair **ever since** he was 25 years old. Because of this, he has always felt **inferior**, plus he is **short** and non-talkative, he never had a girlfriend before 30-year-old.

Jamie: He seems to be a very **shy** person! By the way, do we **need to** prepare any gifts?

Su Fei: No need. According to **tradition**, we generally don't give gifts to weddings, instead we give **red packets**.

Jamie: How much money do you plan to give him in the red packet?

Su Fei: Last time on my birthday, he gave me a red packet of 300 yuan, so this time I will give him 400 yuan. This is called "**gift-returning**".

Jamie: I get it! This is the "**rule of reciprocity**" in Chinese culture.

Su Fei: Yes! However, he still needs my help with one matter.

Jamie: What's that?

Su Fei: He is too **skinny**, only 100 catty (50 kilograms). But his **bride** is too **fat**, weighing 200 catty (100 kilograms). So he asked me what kind of clothes he should buy to wear to make him look as fat as the bride.

Jamie: This is easy! No need to buy clothes, just be a **foodie**, **have feasts** (eat big and drink big) every day, soon he will get fat more **directly**!

41 我不想变成工作狂
wǒ bù xiǎng biàn chéng gōng zuò kuáng
I Don't Want to Become a Workaholic

杰明：好久不见！你最近在忙什么？
hǎo jiǔ bú jiàn　nǐ zuì jìn zài máng shén me

张云：天天忙**加班**，都快**累成狗**了！
tiān tiān máng jiā bān　dōu kuài lèi chéng gǒu le

杰明：不会吧？我记得你们**部门**以前在公司下班最早，
bú huì ba　wǒ jì de nǐ men bù mén yǐ qián zài gōng sī xià bān zuì zǎo
现在怎么变了？
xiàn zài zěn me biàn le

张云：**以前是以前，现在是现在**。自从换了部门**主管**，
yǐ qián shì yǐ qián　xiàn zài shì xiàn zài　zì cóng huàn le bù mén zhǔ guǎn
什么都变了。
shén me dōu biàn le

杰明：那新主管是上次你提到的那位**铁娘子**吗？
nà xīn zhǔ guǎn shì shàng cì nǐ tí dào de nà wèi tiě niáng zi ma

张云：没错！就是她。我们以前**从来不**加班，现在是每天
méi cuò　jiù shì tā　wǒ men yǐ qián cóng lái bù jiā bān　xiàn zài shì měi tiān
加班到晚上7点。
jiā bān dào wǎn shàng diǎn

杰明：是不是因为她刚来，觉得**工作量**太大了，所以想
shì bu shì yīn wèi tā gāng lái　jué de gōng zuò liàng tài dà le　suǒ yǐ xiǎng
让你们帮忙？
ràng nǐ men bāng máng

张云：不是。你不知道，她是个**工作狂**！什么**任务**都要求我们提前**完成**。

杰明：她怎么会有这种工作**态度**？

张云：谁知道！有些同事**猜**，是她**故意**表现得**勤奋**，好让**领导**看见。

杰明：你也这么认为吗？

张云：不，我认为是因为她**单身**，也没有**家庭**，所以会把所有时间花在工作上！

杰明：唉！**其实**，这个世界上有很多这样的人，好像工作就是他们的**一切**。

张云：没错！可是，我不想变成**工作狂**！我有孩子、有老公，家里有很多事等着我**处理**。

杰明：那有没有同事跟她**抱怨**过？

张云：现在大家跟她不**熟**，没人敢抱怨，都怕被她**批评**。

杰明：**原来如此**！只是，天天加班也太**辛苦**了，你们真的打算就这样**一直**加班吗？

张云：当然不！我和几个同事都**商量**好了，下周五开会的时候跟她**提**这件事。

杰明：我同意！而且很多时候，超长的工作时间只会**降低**工作**效率**。

张云：是啊！前段时间，网上很多人都在讨论"996工作制"。我真担心，如果大家什么都不说，**也许**有一天我们的部门也会变成这样！

杰明：什么是"996工作制"？

张云：就是早上9点上班，晚上9点下班，一个星期工作6天！

杰明：这听上去太**可怕**了！而且违反了**劳动法**。

张云：当然**违反**了！但是真的有些公司这样做，特别是那些互联网**企业**！有些人是**工作狂**，可能是**自愿的**，但是不少人肯定是**被逼的**。

杰明：如果有一天，我工作的地方**实行**"996"，我一定会第一个**辞职**！

Culture Corner

The 996 working hour system, unsurprisingly, has been the focus of much attention and criticism and even legal battles. In August 2021, it was ruled illegal by China's Supreme People's Court.

Key Vocabulary

加班 jiā bān	v.	to work overtime	工作量 gōng zuò liàng	n.	workload
工作狂 gōng zuò kuáng	n.	workaholic	任务 rèn wù	n.	task
完成 wán chéng	v.	to complete	态度 tài du	n.	attitude
猜 cāi	v.	to guess	勤奋 qín fèn	adj.	diligent
领导 lǐng dǎo	n.	leader	家庭 jiā tíng	n.	family
一切 yí qiè	n.	everything	处理 chǔ lǐ	v.	to deal with
商量 shāng liang	v.	to discuss	也许 yě xǔ	adv.	perhaps; maybe
劳动法 láo dòng fǎ	n.	labor law	企业 qǐ yè	n.	firm
违反 wéi fǎn	v.	to violate	可怕 kě pà	adj.	horrible
自愿 zì yuàn	adj.	voluntary	逼 bī	v.	to force
实行 shí xíng	v.	to implement	辞职 cí zhí	v.	to resign; to quit
部门 bù mén	n.	department	单身 dān shēn	adj.	single
主管 zhǔ guǎn	n.	supervisor; director	批评 pī píng	v.	to criticise
互联网 hù lián wǎng	n.	internet	降低 jiàng dī	v.	to reduce; to lower
从来不 cóng lái bù	adv.	never (ever)	效率 xiào lǜ	n.	efficiency

English Version

Jamie: Long time no see! What are you busy with recently?

Zhang Yun: Everyday busy **working overtime, extremely tired** (as tired as a dog)!

Jamie: No way? I remember that your **department** used to finish the earliest in the company. Why has it changed now?

Zhang Yun: Past is long gone, now everything is different. Since we changed the department **director**, everything has changed.

Jamie: Is the new director the **iron lady** you mentioned last time?

Zhang Yun: Yes, it's her. We **never** worked overtime before, but now we work until 7pm everyday.

Jamie: Is it because she is new and there is too much **workload** that needs your help?

Zhang Yun: No. You don't know, she is a **workaholic**! We are required to **complete** all **tasks** ahead of schedule.

Jamie: How could she have such a working **attitude**?

Zhang Yun: Who knows! Some colleagues **guessed** that she **deliberately** acted **diligently** so that company **leaders** could see.

Jamie: Do you think so too?

Zhang Yun: No, I think it is because she is **single** and does not have a **family**, so she spends all her time at work!

Jamie: Oh! **In fact**, there are many such types of people in the world, as if work is **everything** to them.

Zhang Yun: True! However, I don't want to become a **workaholic**! I have a child and a husband. There are many things at home waiting for me **to deal with**.

Jamie: Hmm! Has any colleague **complained to** her?

Zhang Yun: Now we are not **familiar** with her yet, hence no one dares to complain so far. We are afraid of being **criticized** by her.

Jamie: I see! However, working overtime every day is indeed **exhausting**. Do you really plan to **always** work like this?

Zhang Yun: Of course not! I have **discussed** with some of my colleagues, and we will **bring** this **up** to her in a meeting next Friday.

Jamie: I agree! And in many cases, long working hours will only **reduce** work **efficiency**.

Zhang Yun: Indeed! Some time ago, many people on the Internet were discussing the

"**996 work system**". I am really worried that if nobody says anything, **maybe** one day our department will become like this!

Jamie: What is the "996 work system"?

Zhang Yun: It means starting to work at 9am in the morning and finishing work at 9pm in the evening, working 6 days a week!

Jamie: This sounds **horrible**! And it violates **labor law**.

Zhang Yun: Of course it **violates**! But some companies do this, especially those internet **firms**! Some people are **workaholics** and may be **voluntary**, but many people are definitely **forced**.

Jamie: If one day, "996" was **implemented** at my workplace, I will definitely be the first to **quit**!

42 拒绝花花公子
jù jué huā huā gōng zǐ
REFUSE THE PLAYBOY

苏飞：最近怎么样？
zuì jìn zěn me yàng

李丽：还是**老样子**！除了上个星期，居然收到了一个
hái shì lǎo yàng zi chú le shàng gè xīng qī jū rán shōu dào le yí gè
神秘人的一封**情书**和一朵**红玫瑰**。
shén mì rén de yì fēng qíng shū hé yì duǒ hóng méi gui

苏飞：真的吗？是谁给你的？
zhēn de ma shì shéi gěi nǐ de

李丽：我一开始也不知道，以为是有人想跟我**开玩笑**，所
wǒ yì kāi shǐ yě bù zhī dào yǐ wéi shì yǒu rén xiǎng gēn wǒ kāi wán xiào suǒ
以没有**回复**。后来，收到了一条短信，才知道原来
yǐ méi yǒu huí fù hòu lái shōu dào le yì tiáo duǎn xìn cái zhī dào yuán lái
是办公室的一个男同事，感觉非常**失望**！
shì bàn gōng shì de yí gè nán tóng shì gǎn jué fēi cháng shī wàng

苏飞：为什么会失望？
wèi shén me huì shī wàng

李丽：他是个非常**随便**的人，到处**追**女士，也经常换女
tā shì gè fēi cháng suí biàn de rén dào chù zhuī nǚ shì yě jīng cháng huàn nǚ
朋友，有时候**甚至**一个星期换一次，是个有名的
péng yǒu yǒu shí hòu shèn zhì yí gè xīng qī huàn yí cì shì gè yǒu míng de
花花公子。
huā huā gōng zǐ

苏飞：这种人真**恶心**！简直是个**渣男**！他怎么突然去追
zhè zhǒng rén zhēn ě xīn jiǎn zhí shì gè zhā nán tā zěn me tū rán qù zhuī

你？

李丽：我也不知道！可能是**无聊**了，或者是**脑子进水**了。反正，我没有回复他。昨天下班后，他还**故意**在公司门口等我，问我为什么那么**高冷**！

苏飞：唉！也许他就是被你的"高冷"**吸引**了！这个世界上就有这样的人，一直在寻找**新鲜感**。他们**根本**不懂感情，更不懂怎样去爱别人！

李丽：是啊！所以，我后来直接**拒绝**他了。

苏飞：我很**好奇**，你是怎么拒绝的？

李丽：我告诉他：我有一条狗，不需要男朋友，更不需要**花花公子**。

苏飞：你这样回复他，太**直接**，太**搞笑**了！

李丽：不是搞笑，是倒霉！这些年，不管是**相亲**还是**自由恋爱**，不知道为什么，我就是遇不到正常的男友。

苏飞：怎么这么说？

李丽：我把最近五年**交往**过的男生算了一下，都是些"**小气鬼**"、"**枯燥男**"、"**神经病**"。加上几个月前的那个**同性恋**，真是越说越生气。

苏飞：别这么说，你应该保持**乐观**。

李丽：放心吧，我很乐观！只要小胖狗一直陪着我，有没有男朋友都不**重要**。

Key Vocabulary

情书 qíng shū	n.	love letter		玫瑰 méi gui	n.	rose
开玩笑 kāi wán xiào	phr.	to joke		回复 huí fù	v.	to reply
失望 shī wàng	adj.	disappointed		追 zhuī	v.	to chase
甚至 shèn zhì	adv.	even		渣男 zhā nán	n.	scumbag
无聊 wú liáo	adj.	bored		吸引 xī yǐn	v.	to attract
拒绝 jù jué	v.	to refuse		好奇 hào qí	adj.	curious
乐观 lè guān	adj.	positive		重要 zhòng yào	adj.	important
脑子进水 nǎo zi jìn shuǐ		go mad (brain flooded)		高冷 gāo lěng	adj.	proud
小气鬼 xiǎo qì guǐ	n.	stingy guy		枯燥 kū zào	adj.	boring; dull
神经病 shén jīng bìng	n.	insane person		自由恋爱 zì yóu liàn ài		free relationship (not arranged)

Learning Tip

huā huā gōng zǐ
花花公子 literally means "flower gentleman" although is slang for "playboy." It is used to describe guys who don't have a serious attitude toward romantic relationships.

English Version

Su Fei: How are you doing recently?

Li Li: **Same old**, except last week, I actually received a **love letter** and a **red rose** from a **mysterious** guy.

Su Fei: Really? Who gave those to you?

Li Li: I didn't know at first, I thought someone wanted to **play a joke** with me, so I didn't **reply**. Later, I received a text message and it turned out that it was a colleague in the office. I was very **disappointed**!

Su Fei: Why were you disappointed?

Li Li: He is a very **irresponsible** (casual) person, **chasing** ladies everywhere, and changing girlfriends often, sometimes **even** once a week. Indeed a notable **playboy** (flower gentleman) .

Su Fei: Such a man is **disgusting**! What a **scumbag**! Why did he chase you suddenly?

Li Li: I don't know either! Maybe he was **bored**, or **gone mad** (brain flooded) . Anyway, I did not reply to him. After finishing work yesterday, he **deliberately** waited for me at the company gate and asked me why I was so **proud**!

Su Fei: Oh! Maybe he was **attracted** by your "pride!" There are people like this in the world, who are always looking for **freshness**. They don't understand relationships **at all**, let alone how to love others!

Li Li: Indeed! Anyway, I **refused** him straight away afterwards.

Su Fei: I'm very **curious**, how did you refuse him?

Li Li: I told him: I have a dog, I don't need a boyfriend, let alone a **playboy**.

Su Fei: Your reply was too **direct** and too **funny**!

Li Li: Not funny, but unfortunate! Over the years, whether it's a **blind date** or a **free relationship**, I don't know why, I just couldn't meet a normal boyfriend.

Su Fei: Why are you saying that?

Li Li: I counted all the guys I had **dated** in the past five years. They were the "**stingy guy**", "**boring** man" and "**insane ones**," plus the **gay** one from a few months ago! It really makes me more angry.

Su Fei: Don't say that, you should stay **positive**.

Li Li: Don't worry, I am very positive! As long as my dog Fatty is with me, it's not **important** to have a boyfriend or not.

43 刀子嘴，豆腐心
dāo zi zuǐ, dòu fu xīn

A Sharp Tongue, But with Good Heart

苏飞：唉！刚刚和我爸**开视频**，我们**吵架**了！
āi gānggāng hé wǒ bà kāi shì pín wǒ men chǎo jià le

杰明：怎么会这样？
zěn me huì zhè yàng

苏飞：我只是**劝**他少工作，不要当**工作狂**！结果，他就
wǒ zhǐ shì quàn tā shǎo gōng zuò bù yào dāng gōng zuò kuáng jié guǒ tā jiù
生气了！
shēng qì le

杰明：你爸爸是大公司的**主管**，最近又**投资**了其他公司，
nǐ bà ba shì dà gōng sī de zhǔ guǎn zuì jìn yòu tóu zī le qí tā gōng sī
工作**压力**肯定很大！听到你说他是工作狂，当然
gōng zuò yā lì kěn dìng hěn dà tīng dào nǐ shuō tā shì gōng zuò kuáng dāng rán
会生气。
huì shēng qì

苏飞：是啊！他说，我叫他工作狂，就是不给他**面子**！
shì a tā shuō wǒ jiào tā gōng zuò kuáng jiù shì bù gěi tā miàn zi

杰明：唉！在中国，男人都爱"面子"，不管是老的，还
āi zài zhōng guó nán rén dōu ài miàn zi bù guǎn shì lǎo de hái
是小的！
shì xiǎo de

苏飞：是啊！有时候我爸和我妈**吵架**，也是因为面子。我
shì a yǒu shí hòu wǒ bà hé wǒ mā chǎo jià yě shì yīn wèi miàn zi wǒ

妈**甚至**经常问他到底是更爱家人，还是更爱面子！

杰明：这个问题好像有点儿**不公平**！

苏飞：为什么这么说？

杰明：因为他当然更爱家人啊！面子只是他的**自尊心**，当然不能比。

苏飞：你听上去好像很懂"面子"，看来，你真的成为**中国通**了！是不是也开始有中国的"面子"**观念**了？

杰明：别**取笑**我了！我只知道，男人都有自尊心，文化不同，**人性**却相同。我认识的很多外国人也爱面子，只是**方式**和中国人的不一样。不管怎么样，希望你和你爸爸快点**和好**吧！

苏飞：你放心吧，他是**刀子嘴，豆腐心**。我们吵架很**正常**，今天吵，明天忘！

杰明：什么是"刀子嘴，豆腐心"？

苏飞：就是：嘴像刀子一样厉害，但是心像豆腐一样柔软！就像我爸爸，虽然**骂**我，但是他心里很爱我，不会为了"面子"生气太久。

杰明：我懂了！**其实**，我妈也是这样的人。她有时候骂我也是因为太担心我，可我从来不会生气，因为我知道她不是**故意**的。

苏飞：看来，真的是：文化不同，人性却是相同的。
　　　kàn lái　zhēn de shì　wén huà bù tóng，rén xìng què shì xiāngtóng de

杰明：**有道理**！对了，今天的晚饭，你想吃什么？
　　　yǒu dào lǐ　duì le　jīn tiān de wǎn fàn　nǐ xiǎng chī shén me

苏飞：我快饿死了！**冰箱**里有什么就吃什么吧。
　　　wǒ kuài è sǐ le　bīngxiāng lǐ yǒu shén me jiù chī shén me ba

杰明：我看看。哦，我忘记买菜了，现在只剩下**豆腐**了！
　　　wǒ kàn kan　ò　wǒ wàng jì mǎi cài le　xiàn zài zhǐ shèng xià dòu fu le

苏飞：啊！怎么又是豆腐！
　　　ā　zěn me yòu shì dòu fu

Learning Tip

刀子嘴，豆腐心 (dāo zi zuǐ, dòu fu xīn) is a slang phrase to describe someone with a sharp tongue but a good heart. It literally translates to "mouth sharp like a knife, heart as soft as tofu."

Culture Corner

面子 (miàn zi) (face) is a sometimes complicated but fundamental concept in Chinese culture, it can mean "dignity", "respect", "prestige" or "honor" depending on the context.

There is a Chinese idiom "人要脸树要皮" (rén yào liǎn shù yào pí) which emphasizes the importance of face in Chinese society, it translates as "people can't live without face, trees can't live without bark." Causing someone to lose face can certainly affect their self-esteem and cause great embarassment.

Key Vocabulary

吵架 chǎo jià	v.	to quarrel	劝 quàn	v.	to persuade
投资 tóu zī	v.	to invest	压力 yā lì	n.	pressure
主管 zhǔ guǎn	n.	director	工作狂 gōng zuò kuáng	n.	workaholic
取笑 qǔ xiào	v.	to make fun of	方式 fāng shì	n.	way; manner; style
甚至 shèn zhì	conj.	even	公平 gōng píng	adj.	fair
自尊心 zì zūn xīn	n.	self-esteem	中国通 zhōng guó tōng	n.	China expert
观念 guān niàn	n.	concept	人性 rén xìng	n.	human nature
和好 hé hǎo	v.	to reconcile	柔软 róu ruǎn	adj.	soft
故意 gù yì	adj.	deliberate	冰箱 bīng xiāng	n.	fridge
买菜 mǎi cài	v.	to buy groceries	开视频 kāi shì pín	v.	to have a video call
厉害 lì hai	adj.	impressive; great	有道理 yǒu dào lǐ	phr.	it makes sense
其实 qí shí	adv.	actually; in fact	像…一样 xiàng… yí yàng		like…; the same as…

English Version

Su Fei: Ugh! I just **had** a **video call** with my dad and we had a **quarrel**!

Jamie: How come?

Su Fei: I just **persuaded** him to work less and not to be a **workaholic**! As a result, he got angry!

Jamie: Your dad is the **director** of a large company. Recently, he also **invested** in other companies. His **pressure** from work must be very big! Hearing you describe him as a workaholic, of course he would be angry.

Su Fei: Indeed! He said, calling him a workaholic means I am not giving him **"face" (showing respect)**!

Jamie: Ugh! In China, men love "face", whether old or young!

Su Fei: True! Sometimes my dad and mom **quarrel** because of "face". My mother often **even** asks him whether he loves his family more or "face"!

Jamie: This question seems a bit **unfair**!

Su Fei: Why do you say that?

Jamie: Because of course he loves his family more! "Face" is just his **self-esteem**, of course it cannot be compared.

Su Fei: You sound like you understand "face" well. It seems that you are really about to become a **China expert**! Are you also developing the Chinese **idea** of "face?"

Jamie: Don't **make fun of** me! I only know that all men have self-esteem, different cultures, but the same **human nature**. Many foreigners I know also love "face", it's just the **way** is different from the Chinese. Anyway, I hope you and your dad can **reconcile** soon!

Su Fei: Don't worry, he is a man with **a sharp tongue, but with a good heart** (a knife mouth and a tofu heart). It's **normal** for us to quarrel. We quarreled today, but will forget it tomorrow!

Jamie: What is "a knife mouth, a tofu heart"?

Su Fei: It means: the mouth is as sharp as a knife, but the heart is as **soft** as tofu! Just like my dad, even though he **scolded** me, he still loves me very much in his heart and won't be angry for the sake of "face" for too long.

Jamie: I get it! **In fact**, my mother is the same. She sometimes scolded me because she was too worried about me, but I never got angry because I knew it wasn't **deliberate** of her.

Su Fei: Looks like it really is that while the culture is different, human nature is the same.

Jamie: Makes sense! By the way, what would you like to eat for dinner today?

Su Fei: I am starving to death! Just eat whatever is in the **fridge**.

Jamie: Let me see. Oh, I forgot to buy groceries, now only **tofu** is left!

Su Fei: Ah! Why is it tofu again!

44 搞好关系
gǎo hǎo guān xi
BUILD A GOOD RELATIONSHIP

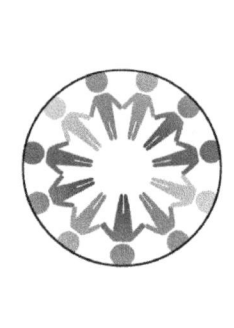

杰明： 可以进来吗？
kě yǐ jìn lái ma

陈红： 请进，你坐这儿吧。
qǐng jìn nǐ zuò zhè ér ba

杰明： 谢谢！陈总，你找我过来有什么事吗？
xiè xie chénzǒng nǐ zhǎo wǒ guò lái yǒu shén me shì ma

陈红： 嗯，有件事我想跟你**谈一谈**。我先问你一个问题，
ng yǒu jiàn shì wǒ xiǎng gēn nǐ tán yi tán wǒ xiān wèn nǐ yí gè wèn tí
明天晚上**聚餐**，你去不去？
míng tiān wǎn shàng jù cān nǐ qù bu qù

杰明： 我不太想去。
wǒ bú tài xiǎng qù

陈红： 唔，你**确定**吗？**毕竟**，上次聚餐，你也没去。
wú nǐ què dìng ma bì jìng shàng cì jù cān nǐ yě méi qù

杰明： 为什么这么问？
wèi shén me zhè me wèn

陈红： 你来公司有好几个月了，各方面都**表现**得很好。
nǐ lái gōng sī yǒu hǎo jǐ gè yuè le gè fāngmiàn dōu biǎo xiàn de hěn hǎo
只是，我发现你**好像**不太喜欢和同事们聚餐。我
zhǐ shì wǒ fā xiàn nǐ hǎo xiàng bú tài xǐ huān hé tóng shì men jù cān wǒ
记得，你目前**至少**三次没参加了。
jì de nǐ mù qián zhì shǎo sān cì méi cān jiā le

杰明： 哇！你记得真**清楚**。
wā nǐ jì de zhēn qīng chu

陈红：是啊！我记得第一次你说**生病**了，第二次说家里有事，第三次**直接**说没时间。你知不知道，如果你经常这样，会**破坏**和大家的**关系**。

杰明：我不明白，为什么在中国，同事们那么喜欢聚餐？差不多每两周会聚餐一次，每次都是下班后大家一起去餐馆**大吃大喝**，我觉得很**无聊**。

陈红：聚餐是同事们**搞好关系**的一种方式。在办公室，搞好关系很重要。聚餐的时候，大家一起吃饭，一起**聊天**，可以更好地了解**对方**。

杰明：谢谢你的**解释**，只是，我还是不太明白。

陈红：你想一想，大家平时工作的时候，没有太多时间**交流**。如果不花时间在工作**之外**交流，会很难**保持**好的关系。

杰明：我开始有点儿明白了。只是，我以前在英国工作的时候，一年和同事们**最多**聚餐几次，所以现在不太习惯。

陈红：可是你现在是在中国，**打交道**的方式不能和以前一样。中国是个**关系社会**，特别是在工作中，和大家建立好的关系是**必须**的。

杰明：看来，明天的聚餐，我是**不得不**去了。

陈红：当然！你一两次不去没关系，可是经常不去就不太好！你是个聪明人，**工作能力**也很强。如果能和大家把关系搞好，你在工作上会更顺利。
hé dà jiā bǎ guān xi gǎo hǎo, nǐ zài gōng zuò shàng huì gèng shùn lì

杰明： 谢谢你的建议，我一定采纳。
xiè xie nǐ de jiàn yì, wǒ yí dìng cǎi nà

Key Vocabulary

谈一谈 tán yi tán	v.	to have a talk		确定 què dìng	adj.	sure
表现 biǎo xiàn	v.	to perform		生病 shēng bìng	v.	to feel sick
搞好关系 gǎo hǎo guān xi	phr.	to build good relationship		无聊 wú liáo	adj.	boring
清楚 qīng chu	adj.	clear		破坏 pò huài	v.	to damage
关系 guān xi	n.	relationship; connection		聊天 liáo tiān	v.	to chat
对方 duì fāng	n.	one another; the other person		解释 jiě shì	v.	to explain
保持 bǎo chí	v.	to maintain		最多 zuì duō	adv.	at most
打交道 dǎ jiāo dào	phr.	to deal with people		不得不 bù dé bù		have to
必须 bì xū	adj.	necessary		采纳 cǎi nà	v.	to adopt (a suggestion / plan)

Culture Corner

China is a relational society, where the way in which people communicate with one another depends how "close" their relationship is, even in business. Hence, to build or maintain a relationship with colleagues and business partners is essential for career success. Having meals together is one of the most popular ways to do so.

For directors/heads of departments, it is common to address them using **surname** + 总 (zǒng) (boss/leader).

Jamie addresses his department head Chen Hong as 陈总 (chén zǒng).

English Version

Jamie: Can I come in?

Chen Hong: Come in, you can sit here.

Jamie: Thank you! Boss Chen, is there anything I can help with?

Chen Hong: Well, I want to **have a talk** with you about something. Let me ask you a question first, will you go to the **dinner party** tomorrow night?

Jamie: I don't want to go.

Chen Hong: Well, are you **sure**? **After all**, you didn't attend it last time.

Jamie: Why are you asking this?

Chen Hong: You have been working here for several months, and you have **performed** very well in all aspects. However, I notice that you don't **seem to like** to join dinner parties with colleagues. I remember you have not joined us **at least** three times so far.

Jamie: Wow! You remember so **clearly**.

Chen Hong: Yes! I still remember the first time you said you were **sick**, the second time you said something was happening at home, and the third time you **directly** said you had no time. Do you know that if you do this often, it will **damage** your **relationship** with everyone.

Jamie: I don't understand. Why do colleagues in China like dinner parties so much? We gather for dinner almost once every two weeks, and every time we just go to the restaurant to **have a big feast** after finishing work, I find it very **boring**.

Chen Hong: This is just the way for everyone to **build a good relationship**. In the office, good relationships are very important. At the dinner party, all colleagues eat and **chat** together to get to know **one another** better.

Jamie: Thank you for your **explanation**, but I still don't quite understand.

Chen Hong: Think about it. When you work, you don't have much time to **communicate** with one another. And if you don't spend more time communicating **outside of** work, it will be difficult **to maintain** a good relationship.

Jamie: I am beginning to understand a little bit now. It's just when I was working in the UK, I only had dinner parties with my colleagues a few times **at the most** per year, so I don't feel used to the way it is now.

Chen Hong: But you are in China now, and **the way dealing with people** cannot be the same as before. China is a **relational society**, especially in work, it is **necessary** to establish good relationships with colleagues.

Jamie: It seems that I **have to** go to the dinner party tomorrow.

Chen Hong: Of course! It's okay if you don't go once or twice, but it's not good if you don't attend too often! You are smart and have great **work ability**. If you can build a good relationship with others, your job will even be smoother.

Jamie: Thank you for your suggestion. I will definitely **adopt** it.

45 敬酒不吃吃罚酒
jìng jiǔ bù chī chī fá jiǔ

REFUSE A TOAST ONLY TO DRINK A FORFEIT

苏飞：小王，你怎么一个人在这儿喝酒？
xiǎo wáng nǐ zěn me yí gè rén zài zhè ér hē jiǔ

王兵：**不好意思**，今天心情不太好！
bù hǎo yì si jīn tiān xīn qíng bú tài hǎo

苏飞：发生什么了？
fā shēng shén me le

王兵：昨天我跟我老婆**离婚**了。
zuó tiān wǒ gēn wǒ lǎo pó lí hūn le

苏飞：怎么会这样？你们两个月前才**结婚**，怎么那么快
zěn me huì zhè yàng nǐ men liǎng gè yuè qián cái jié hūn zěn me nà me kuài
就离婚了？
jiù lí hūn le

王兵：对！而且离婚手续和结婚手续一样快！**当初**，我
duì ér qiě lí hūn shǒu xù hé jié hūn shǒu xù yí yàng kuài dāng chū wǒ
们去**领证**结婚才花了10分钟，昨天去**领证**离婚
men qù lǐng zhèng jié hūn cái huā le fēn zhōng zuó tiān qù lǐng zhèng lí hūn
也是10分钟。
yě shì fēn zhōng

苏飞：我的天！我都不知道这些**法律手续**居然那么快。
wǒ de tiān wǒ dōu bù zhī dào zhè xiē fǎ lǜ shǒu xù jū rán nà me kuài

王兵：是啊！这就是**所谓的**速度！其实，这都**怪**我，当初
shì a zhè jiù shì suǒ wèi de sù dù qí shí zhè dōu guài wǒ dāng chū

才**交往**了半年就同意结婚,结婚后我们天天**吵架**,完全不适合在一起。

苏飞:唉,这很正常。现在社会的**离婚率**越来越高,不少人都是"**闪婚、闪离**"。不只是你,我有好几个朋友这几年都离婚了。

王兵:看来,和我一样的**倒霉蛋**还真不少。

苏飞:只是,我真不明白,你当时为什么会同意跟她结婚?

王兵:她当时告诉我她**怀孕**了,我们**不得不**结婚。没想到,上个月她去医院做检查,医生居然说她没怀孕。仔细**调查**后,发现以前的怀孕报告有问题,是**机器**出错了。

苏飞:什么?医院怎么会出这种错?

王兵:对啊!简直是**开玩笑**嘛!医院向她又**赔钱**又道歉,可她却非常开心。一回家,就和我商量**和平**离婚。

苏飞:原来如此!只是,她这么做真的太**过分**了!

王兵:我当时不同意离婚,觉得那么快离婚很**没面子**,让她等一等。可是她很**坚持**,还告诉我"**别敬酒不吃,吃罚酒**!"

苏飞:她这么说,是在**威胁**你吗?

王兵:没错,就是威胁我。因为她说,如果我不同意,她自

　　　　己有办法请**律师**告我上**法庭**。
　　　　　jǐ yǒu bàn fǎ qǐng lǜ shī gào wǒ shàng fǎ tíng

苏飞：为了这种人，**浪费**时间和钱上法庭，真不值得。
　　　wèi le zhè zhǒng rén làng fèi shí jiān hé qián shàng fǎ tíng zhēn bù zhí dé

王兵：是啊！所以，我**最后**同意了和平离婚。可是，你知
　　　shì a suǒ yǐ wǒ zuì hòu tóng yì le hé píng lí hūn kě shì nǐ zhī

　　　道吗？昨天刚领到离婚证，就有个男的开车来接
　　　dào ma zuó tiān gāng lǐng dào lí hūn zhèng jiù yǒu gè nán de kāi chē lái jiē

　　　她。原来，她早就给我**戴绿帽子**了！
　　　tā yuán lái tā zǎo jiù gěi wǒ dài lǜ mào zi le

> ### Learning Tip
>
> 　　　　bié jìng jiǔ bù chī　 chī fá jiǔ
> 别 敬 酒 不 吃，吃 罚 酒 is an allegorical term that can be translated as "don't refuse a toast only to drink a forfeit."
>
> It is used in a threatening tone where one person is giving the other person two choices: an "easy" one and a "harsh" one to pick whilst trying to emphasize the dangers of picking the "harsh" one.

Key Vocabulary

当初 dāng chū	n.	at that time
法律 fǎ lǜ	n.	law
离婚率 lí hūn lǜ	n.	divorce rate
怪 guài	v.	to blame
不得不 bù dé bù		have to
机器 jī qì	n.	machine
和平 hé píng	n. adj.	peace amicable
威胁 wēi xié	v.	to threaten
浪费 làng fèi	v.	to waste
过分 guò fèn	adj.	too much; unreasonable
结婚 jié hūn	v.	to get married
离婚 lí hūn	v.	to get divorced
交往 jiāo wǎng	v.	to date (get along)
手续 shǒu xù	n.	procedure
所谓 suǒ wèi	adj.	so-called
怀孕 huái yùn	v.	to be pregnant
闪婚闪离 shǎn hūn shǎn lí		shotgun marriage and divorce
调查 diào chá	v. n.	to investigate investigation
赔钱 péi qián	v.	to compensate
坚持 jiān chí	adj.	persistent
律师 lǜ shī	n.	lawyer
法庭 fǎ tíng	n.	court
戴绿帽子 dài lǜ mào zi	slang	to be cheated on
检查 jiǎn chá	v.	to check; to examine
适合 shì hé	adj.	suitable
报告 bào gào	n.	report

English Version

Su Fei: XiaoWang, why are you drinking here alone?

Wang Bing: Sorry, I'm not in a good mood today!

Su Fei: What happened?

Wang Bing: My wife and I **got divorced** yesterday.

Su Fei: How could this be? You just **got married** two months ago. How did you get divorced so soon?

Wang Bing: Yes! And the divorce procedure was just as fast as the marriage process! **At that time**, it only took us 10 minutes **to apply for the marriage certificate**, and yesterday it also only took 10 minutes **to apply for the divorce certificate**.

Su Fei: My God! I don't even know these **legal procedures** are so fast.

Wang Bing: Indeed! This is the **so-called** speed ! Actually, it is all **my fault** (blame me). I agreed to get married after only **dating** for half a year. After we got married, we **quarreled** every day and we were totally unfit to be together.

Su Fei: Well, this is normal. Nowadays the **divorce rate** in society is getting higher and higher, and many people are doing "**shotgun marriages and divorces**" (flash marriages and flash divorces). It's not just you, several of my friends have divorced in recent years.

Wang Bing: Seems that there are many **unlucky men** (unlucky eggs) like me.

Su Fei: But, I really don't understand, why did you agree to marry her at the time?

Wang Bing: She told me she was **pregnant** and we **had to** get married. Unexpectedly, when she went to the hospital for an examination last month, the doctor said she was not pregnant. After careful **investigation**, it was found that there was a problem with the previous pregnancy report, as the **machine** had an error.

Su Fei: What? How could the hospital make such a mistake?

Wang Bing: Indeed! What a **joke**! The hospital **compensated** her and apologized, yet she was very happy. As soon as she got home, she discussed an **amicable** divorce with me.

Su Fei: I see. It's just she was indeed too **unreasonable** with you!

Wang Bing: I didn't agree with the divorce at the time. I felt like I would **lose face** to end so soon, so I asked her to wait. But she was very **persistent** and told me "**don't refuse a toast only to drink a forfeit!**"

Su Fei: Was she **threatening** you by saying that?

Wang Bing: Correct. Because she said that if I disagreed, she would have a way to ask a **lawyer** to sue me in **court**.

Su Fei: It's not worth **wasting** time and money to go to court for this kind of person.

Wang Bing: I was thinking the same too! So, I **finally** agreed for a amicable divorce. But, you know what? After receiving the divorce certificate yesterday, a man drove to pick her up. It turned out that she already **cheated on me** (put a green hat on me) a long time ago!

故事大王
gù shi dà wáng
THE GREAT STORYTELLER

杰明： 听说你**升职**了！**恭喜恭喜**！
tīng shuō nǐ shēng zhí le gōng xǐ gōng xǐ

王大伟：谢谢！星期五下班后，我请大家吃饭，你记得来。
xiè xie xīng qī wǔ xià bān hòu wǒ qǐng dà jiā chī fàn nǐ jì de lái

杰明： 当然！说实话，你真**厉害**！来公司的时间比我
dāng rán shuō shí huà nǐ zhēn lì hai lái gōng sī de shí jiān bǐ wǒ
们短，却升职得比我们快。而且，你现在的**工资**
men duǎn què shēng zhí de bǐ wǒ men kuài ér qiě nǐ xiàn zài de gōng zī
差不多是我们的两倍！大家都很**羡慕**你。
chà bu duō shì wǒ men de liǎng bèi dà jiā dōu hěn xiàn mù nǐ

王大伟：过奖过奖！其实，这次升职和**加薪**，都是靠运
guò jiǎng guò jiǎng qí shí zhè cì shēng zhí hé jiā xīn dōu shì kào yùn
气。
qì

杰明： 那我真希望也能有你的运气，又升职又加薪，
nà wǒ zhēn xī wàng yě néng yǒu nǐ de yùn qì yòu shēng zhí yòu jiā xīn
真是**一箭双雕**！
zhēn shì yí jiàn shuāng diāo

王大伟：别这么说！你不知道中国的那句古话吗 - "**不**
bié zhè me shuō nǐ bù zhī dào zhōng guó de nà jù gǔ huà ma bú
要得意得太早"！
yào dé yì de tài zǎo

杰明： 哈哈，你才是真正的**中国通**！对了，你能和我
hā ha nǐ cái shì zhēnzhèng de zhōng guó tōng duì le nǐ néng hé wǒ

　　　　　　分享一下你升职的秘密吗？

王大伟：嗯，我很看重工作汇报。每次跟领导汇报，我们都谈得很开心。

杰明：你能说得具体点儿吗？

王大伟：你没发现吗？在工作中，我们和领导接触的时间不多，而汇报工作几乎是唯一让领导了解我们的机会。汇报工作就像讲故事，故事越精彩，听的人印象越深。

杰明：汇报的重点是数据和事实，这和讲故事有什么关系？

王大伟：数据和事实是死的东西，故事却是活的。比如说，上次我去和客户谈判，谈判成功了，我给领导汇报，重点讲了怎样去克服挑战、解决问题。他越听越感兴趣，本来十分钟的谈话却变成了一个小时，之后我们还一起去吃午饭。

杰明：看来，通过汇报，领导更欣赏你了。

王大伟：没错！你知道当今社会最值钱的是什么吗？

杰明：唔，不知道。

王大伟：我告诉你，最值钱的不是时间、不是信息、也不是资源，而是人的注意力！只有让别人记住你，你才有机会成功。

杰明：是啊！我记得以前看过一本书，说：所有成功的人，都是讲故事的**高手**！
de rén dōu shì jiǎng gù shi de gāo shǒu

王大伟：这句话，我**一万个同意**！你看，中国著名**企业**
zhè jù huà wǒ yí wàn gè tóng yì nǐ kàn zhōng guó zhù míng qǐ yè

家马云，美国**前总统**川普，都是**故事大王**。
jiā mǎ yún měi guó qián zǒng tǒng chuān pǔ dōu shì gù shi dà wáng

Key Vocabulary

升职 shēng zhí	v. n.	to promote promotion	加薪 jiā xīn	v.	to increase salary
羡慕 xiàn mù	v.	to envy	分享 fēn xiǎng	v.	to share
秘密 mì mì	n.	secrete	看重 kàn zhòng	v.	to value
汇报 huì bào	n. v.	report to report	具体 jù tǐ	adj.	specific
接触 jiē chù	v.	to contact	精彩 jīng cǎi	adj.	fascinating
几乎 jī hū	adv.	almost	印象 yìn xiàng	n.	impression
数据 shù jù	n.	data	事实 shì shí	n.	fact
谈判 tán pàn	v. n.	to negotiate negotiation	克服 kè fú	v.	to overcome
解决 jiě jué	v.	to resolve	欣赏 xīn shǎng	v.	to appreciate
资源 zī yuán	n.	resources	注意力 zhù yì lì	n.	attention
企业家 qǐ yè jiā	n.	entrepreneur	（前）总统 qián zǒng tǒng	n.	(former) president

Learning Tip

一箭双雕 (yí jiàn shuāng diāo), a Chinese idiom that literally translates to "one arrow, two birds," means something similar to that of the English term "to kill two birds with one stone" and is used to describe achieving two things at the same time.

English Version

Jamie: I heard you **got promoted**! **Congratulations**!

Wang Dawei: Thank you! After finishing work on Friday, I will treat everyone for dinner, remember to come.

Jamie: Of course! To be honest, you are **amazing**! You came to the company later than us, but your promotion is faster than anyone. Also, your current **salary** is almost twice ours! Everyone **envies** you!

Wang Dawei: Thanks for the compliment! In fact, this promotion and **salary increase** are all based on **luck**.

Jamie: Then I really hope I can have your luck too. You have been promoted and your salary raised. Really **killing two birds with one stone** (achieving two things at once)!

Wang Dawei: Don't say this! Don't you know the old Chinese saying: "**Don't get proud too early**!"

Jamie: Haha, you are the real **China expert**! By the way, could you **share a bit** with me the **secret** of promotion?

Wang Dawei: Well, I **value** work **reports** very much. The boss and I always talked happily every time I do a report.

Jamie: Can you be **a bit specific**?

Wang Dawei: Didn't you notice that, at work, we don't have much **contact** with our boss? Reporting is **almost** the **only** opportunity for him to know us. Reporting is like telling a story. The more **fascinating** the story, the more **impressed** the listener.

Jamie: The focus of the report is **data** and **facts**. What does this have to do with storytelling?

Wang Dawei: Data and facts are dead things, but stories are alive. **For example**, last time I went to **negotiate** with a client, and it was successful. When I was reporting it to the boss, I focused on how to **overcome** challenges and **resolve** problems. The more he listened, the more interested he became, and the initial ten-minute conversation turned into an hour talk, and then we went to have lunch together.

Jamie: It seems that through reporting, the boss **appreciated** you more.

Wang Dawei: That's right! Do you know what is most **valuable** in **today's** (current day) society?

Jamie: Well, I don't know.

Wang Dawei: Let me tell you, the most valuable thing is not time, **information**, nor **resources**, but people's **attention**! Only when others remember you, can you have the chance to succeed.

Jamie: Indeed! I remember reading a book before, saying: All successful people are storytelling **masters**!

Wang Dawei: This sentence, I **cannot agree more** (agree ten thousand times)! You see, the renowned Chinese **entrepreneur** Jack Ma and the US **former President** Trump are all **great storytellers** (story kings).

暴发户
bào fā hù
The Overnight Millionaire

张云：你还记得以前**销售**部门的老黄吗？
　　　nǐ hái jì de yǐ qián xiāo shòu bù mén de lǎo huáng ma

杰明：记得。他不是已经**离职**了吗？
　　　jì de   tā bú shì yǐ jīng lí zhí le ma

张云：离职是**客气话**，他是**被炒**了！当时他迷上了**炒股**，连上班的时候也**偷着**炒，结果被领导发现了，就被炒了。
　　　lí zhí shì kè qi huà tā shì bèi chǎo le dāng shí tā mí shàng le chǎo gǔ lián shàng bān de shí hòu yě tōu zhe chǎo jié guǒ bèi lǐng dǎo fā xiàn le jiù bèi chǎo le

杰明：原来是这样！炒股炒到自己被炒！果然是**股迷**！
　　　yuán lái shì zhè yàng chǎo gǔ chǎo dào zì jǐ bèi chǎo guǒ rán shì gǔ mí

张云：当时他在公司已经干了六年，领导为了保住他的**面子**，所以没有**公开**这件事。
　　　dāng shí tā zài gōng sī yǐ jīng gàn le liù nián lǐng dǎo wèi le bǎo zhù tā de miàn zi suǒ yǐ méi yǒu gōng kāi zhè jiàn shì

杰明：那你是怎么知道的？
　　　nà nǐ shì zěn me zhī dào de

张云：我昨天**逛街**的时候突然**遇到**他，我们聊了一会儿，才知道了这件事。
　　　wǒ zuó tiān guàng jiē de shí hòu tū rán yù dào tā wǒ men liáo le yí huìr cái zhī dào le zhè jiàn shì

杰明：他现在怎么样了？有新工作了吗？
　　　tā xiàn zài zěn me yàng le yǒu xīn gōng zuò le ma

张云：他告诉我，自从被炒后，他**到处**找工作也没找到。后来就**专心**学习炒股，**日日夜夜**地炒。没想到，两个月就**赚**了一百万，现在已经买房了。

杰明：哇！太厉害了！看来他现在是炒股**专家**！我很好奇他用了什么**诀窍**。

张云：我也问了。他跟我说炒股一定要**淡定**，因为**股市**经常**大涨大跌**！诀窍是：**暴涨不买，暴跌不卖**。

杰明：这个我也知道。只是，我炒股从来都没有赚过大钱。

张云：我觉得这得看**运气**。多数人对炒股是又爱又怕。有的人运气差，一夜之间变成**穷光蛋**；有的人运气好，一夜之间变成**暴发户**！

杰明：只是，不管怎么样，炒股的**诱惑**太大了！特别是看着那些暴发户，谁也**挡不住**这诱惑。

张云：是啊！我就有个股迷朋友，天天炒股，**梦想**成为暴发户。**结果**越炒越穷，不仅赔了房子，还把老婆气跑了。

杰明：唉！真是**倒霉蛋**！对了，你的手机怎么一直在响？

张云：哦，是条股市**提醒**短信！最近**阿里巴巴**股票疯涨，我得**随时**关注！

杰明：小心点儿！最好别被别人看见。

张云：放心！我一般去洗手间查看消息，别人发现不了。

Key Vocabulary

炒 chǎo	v.	to fire		离职 lí zhí	v.	to resign	
炒股 chǎo gǔ	v.	to trade stocks		遇到 yù dào	v.	to encounter	
股迷 gǔ mí	n.	stock fan		随时 suí shí	adv.	at all times; anytime	
股市 gǔ shì	n.	stock market		赚 zhuàn	v.	to make (money)	
专心 zhuān xīn	v.	to concentrate		诀窍 jué qiào	n.	trick	
专家 zhuān jiā	n.	expert		结果 jié guǒ	conj.	as a result	
运气 yùn qì	n.	luck		诱惑 yòu huò	n.	temptation	
梦想 mèng xiǎng	v.	to dream		提醒 tí xǐng	n. / v.	reminder / to remind	
阿里巴巴 ā lǐ bā bā	n.	Alibaba		大涨大跌 dà zhǎng dà diē	phr.	goes up and down	
公开 gōng kāi	v.	to disclose		日日夜夜 rì rì yè yè	idiom	day and night	

Learning Tip

穷光蛋 (qióng guāng dàn) literally means "poor bald eggs," it is slang for "paupers", referring a very poor man.

The opposite word is 暴发户 (bào fā hù) that refers to an "upstart," someone who becomes rich suddenly. In this case it is translated into "over-night millionaire."

English Version

Zhang Yun: Do you remember Huang in the **sales** department?

Jamie: Yes. Hasn't he already **resigned**?

Zhang Yun: Resignation is a **kind word**, he was **fired**! At that time, he was obsessed with **trading stocks**, even when he was meant to be working, he was **secretly** trading the stock, and then he was fired after being discovered by the director.

Jamie: I see! Trading stocks to the point of being fired! What a **stock fan**!

Zhang Yun: At that time, he had been working in the company for six years. In order to keep his **"face" (dignity)**, the director did not **disclose** this matter.

Jamie: So how did you know?

Zhang Yun: I suddenly **encountered** him when I was **shopping** yesterday. We had a chat, then I found it out.

Jamie: How is he now? Does he have a new job?

Zhang Yun: He told me that since he was fired, he looked for a job **everywhere** and couldn't find it. Later, he **concentrated on** studying stock trading, **day and night**. Unexpectedly, he **made** a million yuan in two months and now has bought a flat.

Jamie: Wow! Amazing! It seems that he is now an **expert** in stock trading! I'm curious what **trick** he used.

Zhang Yun: I also asked. He told me that when trading stocks you must **stay calm**, because the **stock market** often **goes up and down**! The trick is: **don't buy when it rises big, and don't sell when it falls big**.

Jamie: I also know this. However, I have never made much money in stocks.

Zhang Yun: I think it depends on **luck**. Most people love and fear stocks at the same time. Some people have bad luck and become **paupers** (poor bald eggs) overnight; some people are lucky and become **over-night millionaires** suddenly!

Jamie: But, no matter what, the **temptation** of stocks is too great! Especially looking at those overnight-millionaires, no-one can **resist** this temptation.

Zhang Yun: Indeed! I have a friend who was a stock fan, trading stocks every day, and **dreamed of** becoming an over-night millionaire. But, **as a result**, he became poorer and poorer, and lost not only his flat, but also his wife (angry wife ran away).

Jamie: Oh! What an **unlucky guy** (unlucky egg)! By the way, why does your phone keep ringing?

Zhang Yun: Oh, it's a stock market text **reminder**! **Alibaba** stock has skyrocketed recently, I have to keep an eye on it **all the time**!

Jamie: Be careful! It is better not to be seen by others.

Zhang Yun: Don't worry! I usually go to the bathroom to check it, others won't notice.

"送钟"还是"送终"
sòng zhōng hái shì sòng zhōng
SENDING THE BELL OR SENDING THE CURSE

杰明：我听你外公说，你妈妈**年轻**的时候是大学里的
　　　wǒ tīng nǐ wài gōng shuō　nǐ mā ma nián qīng de shí hòu shì dà xué lǐ de
　　　校花，是真的吗？
　　　xiào huā　shì zhēn de ma

苏飞：是啊！而且，当年**追**她的男生很多。其中有两
　　　shì a　ér qiě　dāng nián zhuī tā de nán shēng hěn duō　qí zhōng yǒu liǎng
　　　个，追了她四年都没**放弃**。我妈当时对他们都有
　　　gè　zhuī le tā sì nián dōu méi fàng qì　wǒ mā dāng shí duì tā men dōu yǒu
　　　好感，不知道该**选择**谁。
　　　hǎo gǎn　bù zhī dào gāi xuǎn zé shéi

杰明：你的意思是你妈两个都喜欢吗？
　　　nǐ de yì si shì nǐ mā liǎng gè dōu xǐ huān ma

苏飞：对！所以我外婆就建议她**同时**跟这两个男生**约会**
　　　duì　suǒ yǐ wǒ wài pó jiù jiàn yì tā tóng shí gēn zhè liǎng gè nán shēng yuē huì
　　　一个月，好好**观察**谁更合适。
　　　yí gè yuè　hǎo hǎo guān chá shéi gèng hé shì

杰明：这听上去像"**脚踩两只船**"！这两个男生能**接**
　　　zhè tīng shàng qù xiàng　jiǎo cǎi liǎng zhī chuán　zhè liǎng gè nán shēng néng jiē
　　　受吗？
　　　shòu ma

苏飞：你错了，这叫**公平竞争**！而且，那个年代的人约
　　　nǐ cuò le　zhè jiào gōng píng jìng zhēng　ér qiě　nà gè nián dài de rén yuē

会很**保守**,最多去公园散步或去餐馆吃饭,甚至不会**牵手**。

杰明:好吧。那后来呢?

苏飞:后来我妈跟他们交往一个月后,还是不能**决定**。**直到**家里举办了外公的生日**宴会**,让两个男生都带礼物来**庆祝**。

杰明:他们都带了什么礼物送给外公?

苏飞:一个男生送的是自己画的一幅画,外公打开后很喜欢,因为画的是他最喜欢的**竹子**,代表"**清高**"。

杰明:那另一个男生送的是什么?

苏飞:那个人家里**超有钱**,所以他买了一个非常**贵重**的金钟送给外公,可是,外公一打开,**脸就变色**了。

杰明:怎么会呢?这是**金子**做的钟,至少**价值**几万!

苏飞:你不知道。在中文里,"送钟"和"送终"同音,"送终"是参加**葬礼**的意思,所以很多中国人觉得送钟就是**咒人死**。外公的思想非常**传统**,自然也这么想。

杰明:原来如此,**难怪**你外公会那么生气。

苏飞:对啊!所以,外公马上把金钟还给了他,然后告诉他以后再也别和我妈约会了。

杰明：所以，你妈后来选择的男朋友就是你爸，对吗？
　　　suǒ yǐ　nǐ mā hòu lái xuǎn zé de nán péng yǒu jiù shì nǐ bà　duì ma

苏飞：当然了！杰明，你真聪明！
　　　dāng rán le　jié míng　nǐ zhēn cōng ming

Learning Tip

jiǎo cǎi liǎng zhī chuán
脚踩两只船 is a slang term referring to dating two people at the same time. It literally means to have your feet on two boats.

Culture Corner

Giving clocks, bells, or even watches as gifts in China can be tricky, depending on how open-minded individuals are. Some people who hold traditional views might consider it as a taboo because in Chinese "sending the bell" sounds the same with "farewell to the dead" as explained in the conversations.

sòng zhōng
送 钟 - sending the bell

sòng zhōng
送 终 - farewell to the dead

However for many people, especially younger generations, this doesn't matter at all.

Key Vocabulary

年轻 nián qīng	adj.	young	放弃 fàng qì	v.	to give up
校花 xiào huā	n.	top beauty *(at school/college)*	追 zhuī	v.	to chase
好感 hǎo gǎn	n.	good feelings	同时 tóng shí	adv.	at the same time
选择 xuǎn zé	v.	to choose	约会 yuē huì	v.	to date
公平竞争 gōng píng jìng zhēng	n.	fair competition	宴会 yàn huì	n.	banquet; party
观察 guān chá	v.	to observe	接受 jiē shòu	v.	to accept
保守 bǎo shǒu	adj.	reserved	决定 jué dìng	v.	to decide
直到 zhí dào	v.	until	庆祝 qìng zhù	v.	to celebrate
贵重 guì zhòng	adj.	expensive	金子 jīn zi	n.	gold
价值 jià zhí	n. v.	worth to be worth	葬礼 zàng lǐ	n.	funeral
咒 zhòu	v.	to curse	难怪 nán guài	adv.	no wonder
年代 nián dài	n.	era	金钟 jīn zhōng	n.	gold bell
牵手 qiān shǒu	v.	to hold hands	竹子 zhú zi	n.	bamboo
至少 zhì shǎo	adv.	at least	一 … 就 … yí jiù		as soon as…

English Version

Jamie: I heard your grandpa said when your mother was **young**, she was the **top beauty** (college flower) in college. Was it true?

Su Fei: Yes! Besides, many boys **chased** her back then, and two of them had not **given up** after four years. My mother had **good feelings** towards them both and didn't know who to **choose**.

Jamie: Do you mean your mother liked both of the guys?

Su Fei: Yes! So my grandma suggested my mum **date** both of them for a month **at the same time** to **observe** who was more suitable.

Jamie: It sounds like your mum was playing "**dating two at one time**"(feet on two boats), did these two boys find it **acceptable**?

Su Fei: You are wrong, this is called **fair competition**! Besides, people in those days were very **reserved** in dating, they would at most go for a walk in the park or eat in a restaurant, and would not even **hold hands**.

Jamie: Okay. What happened later?

Su Fei: After a month of dating, my mum still couldn't **decide** which one to choose. **Until** the grandpa's birthday **party**, both of the guys were asked to bring gifts **to celebrate**.

Jamie: What gifts did they bring to grandpa?

Su Fei: One guy brought a painting he painted himself. Grandpa liked it very much, because the painting was his favorite **bamboo**, which represents "**integrity**".

Jamie: What did the other guy bring?

Su Fei: That guy's family was **super rich**, so he brought a very **expensive** gold clock as a gift to Grandpa, but when Grandpa opened it, he **got angry** (face changed color).

Jamie: How could it be? This is a clock made of **gold**, at least **worth** tens of thousands yuan!

Su Fei: You don't know. In Chinese, the word "sending the bell" sounds the same with "farewell to the dead", and "farewell to the dead" is a term for attending a **funeral**. So, many Chinese people think that sending the bell is a **curse to death**. Grandpa had very **traditional** views, so naturally he thought so too.

Jamie: I see, **no wonder** your grandpa got angry.

Su Fei: Indeed! Hence, grandpa immediately returned the gold clock to that guy, and then told him not to date my mum again.

Jamie: So, the boyfriend your mother chose in the end was your dad, right?

Su Fei: Of course! Jieming, you are so **smart**!

49 别 放 鸽 子
bié fàng gē zi

Remember to Show Up

杰明：好久不见！还好吗？

李丽：还可以！每天就这样**重复**：上班、下班、吃饭、**遛狗**、睡觉！没什么变化，你呢？

杰明：我是越来越忙。以前有很多**自由**时间做自己喜欢的东西，现在不同了，既忙工作又忙学习。

李丽：真是个**大忙人**！对了，你在学什么？

杰明：我在学一个**金融**课程，每周两次，一次两个小时，算是**强化学习**。

李丽：是**实体课**还是**网课**？

杰明：一开始是实体课。可是实体课很**麻烦**，因为每次下班后都得急着去学校上课，不仅累，而且在路上太花时间，就**放弃**了。

李丽：**半途而废**？这可不像你的**作风**！

杰明：当然不是！要**成功**，就不能"半途而废"。所以，我后来向学校**申请**了网课，一直坚持到现在。

李丽：网课和实体课相比，你觉得哪个更好？

杰明：我觉得这得**看人**，也得**看情况**。我自己更喜欢网课，因为不仅**效果好**，而且可以省去路上的时间。

李丽：的确。只要**网速**好，就没有什么办不到！而且，现在的网络技术太**发达**了，网课的**质量**也越来越高。

杰明：对！只是，对于我，上网课还有个小问题。

李丽：是什么问题？

杰明：比如说：有一次上课，我记错了时间，迟到了半个小时。还有一次，我在沙发上睡着了，醒来后发现已经下课了。

李丽：老师没给你打电话吗？

杰明：打了，可是我**睡得太死**，没听到。

李丽：你这样做是**放鸽子**，老师没有生气吗？

杰明：不知道，但是，他让我**保证**以后上课一定要**准时**，别再放鸽子了！

Key Vocabulary

重复 chóng fù	v.	to repeat	遛狗 liù gǒu	v.	walk dog
自由 zì yóu	adj.	free	金融 jīn róng	adj.	financial
大忙人 dà máng rén	n.	"busy bee"	强化学习 qiáng huà xué xí	n.	intensive learning
实体课 shí tǐ kè	n.	face-to-face lesson	网课 wǎng kè	n.	online lesson
麻烦 má fán	adj.	troublesome	放弃 fàng qì	v.	to give up
半途而废 bàn tú ér fèi	idiom	give up halfway	作风 zuò fēng	n.	style; manner
申请 shēn qǐng	v.	to apply	效果 xiào guǒ	n.	effect
网速 wǎng sù	n.	internet speed	发达 fā dá	adj.	developed
质量 zhì liàng	n.	quality	保证 bǎo zhèng	v.	to ensure
睡得太死 shuì de tài sǐ		sleep too deeply *(sleep too dead)*	准时 zhǔn shí	adj.	punctual

Learning Tip

fàng gē zi
放鸽子 literally means to "release pigeons." It is slang for failing to keep an appointment. This meaning comes from a story from ancient times when people sent letters using pigeons. Two people promised to send letters to one another, but one of them released the pigeon without a letter.

English Version

Jamie: Long time no see! How are you?

Li Li: Fine! **Repeating** the same activities: go to work, finish work, eat, **walk the dog**, sleep! Nothing has changed, how about you?

Jamie: I am getting busy. I used to have a lot of **free** time to do what I like, but now it's different, I am busy with both work and study.

Li Li: What a **busy bee** (big busy man)! By the way, what are you studying?

Jamie: I'm taking a **finance** course, twice a week, two hours per session, sort of **intensive learning**.

Li Li: Is it a **face-to-face lesson** (physical lesson) or an **online lesson**?

Jamie: At the beginning it was face-to-face. However, I found it very **troublesome**, because every time I finished work, I had to rush to the school, not only feeling tired, but also wasting too much time on the road, so I **gave up**.

Li Li: **Give up halfway**? This is not like your **style**!

Jamie: Of course not! Anyone who wants to **succeed**, cannot "give up halfway". So, I **applied for** online lessons later, and I have been doing it since then.

Li Li: Face-to-face lesson and online classes, which one do you think is better?

Jamie: I think it **depends on the person** and **depends on the situation**. I personally prefer online because it's very **effective**, and helps save time on traveling.

Li Li: Indeed. As long as the **internet speed** is good, nothing is impossible! Besides, nowadays the internet technology is so **advanced**, and the **quality** of online lessons is getting higher and higher.

Jamie: Yes! However, for me, there is still one small problem with online lessons.

Li Li: What's the problem?

Jamie: For example: there was one time I remembered the lesson time incorrectly and was half an hour late. On another occasion, I fell asleep on the sofa and woke up to find that the lesson was already over.

Li Li: Didn't the teacher call you?

Jamie: He did, but I **slept too deeply** (slept like a dead man).

Li Li: Such behavior is called **releasing pigeons**. Was the teacher angry?

Jamie: I don't know, but he asked me to **promise** to be **punctual** in future, and asked not to release pigeons again!

50 她走火入魔了
tā zǒu huǒ rù mó le

SHE'S GONE MAD

张云：　你是不是又换女朋友了？
　　　　nǐ shì bu shì yòu huàn nǚ péng yǒu le

王大伟：没有啊！怎么这么问？
　　　　méi yǒu a　　zěn me zhè me wèn

张云：　昨天晚上**聚餐**，你带的女朋友和上个月的不一
　　　　zuó tiān wǎn shàng jù cān　nǐ dài de nǚ péng yǒu hé shàng gè yuè de bú yí
　　　　样。大家**以为**你又换女朋友了。
　　　　yàng　dà jiā yǐ wéi nǐ yòu huàn nǚ péng yǒu le

王大伟：你们**误会**了！两次聚餐，都是同一个人。只是，
　　　　nǐ men wù huì le　liǎng cì jù cān　dōu shì tóng yí gè rén　zhǐ shì
　　　　她最近去**整容**了，看上去和以前不太一样。
　　　　tā zuì jìn qù zhěng róng le　kàn shàng qù hé yǐ qián bú tài yí yàng

张云：　不会吧？哪家**整容院**的技术那么高？居然能在
　　　　bú huì ba　nǎ jiā zhěng róng yuàn de jì shù nà me gāo　jū rán néng zài
　　　　短时间内把人**彻底**变样！
　　　　duǎn shí jiān nèi bǎ rén chè dǐ biàn yàng

王大伟：她听朋友介绍去了**韩国**整容。说实话，回来
　　　　tā tīng péng yǒu jiè shào qù le hán guó zhěng róng　shuō shí huà　huí lái
　　　　后，**连**我自己**都**差点儿认不出她。
　　　　hòu　lián wǒ zì jǐ dōu chà diǎn ér rèn bù chū tā

张云：　她以前也挺漂亮的，怎么会**突然**去整容？
　　　　tā yǐ qián yě tǐng piào liang de　zěn me huì tū rán qù zhěng róng

王大伟：她不太**自信**，又没**安全感**，担心自己不够漂
　　　　tā bú tài zì xìn　yòu méi ān quán gǎn　dān xīn zì jǐ bú gòu piào

亮，还经常**抱怨**我女性朋友太多。我一直劝她不要去整容，可是，她就是不听。

张云：看来，是她太爱你了！爱得**走火入魔**，才会去整容。

王大伟：唉！"走火入魔"是真，爱我是假。

张云：你怎么这么说？

王大伟：因为，这已经是她第五次整容了。在认识我之前，她在国内就整了四次。她还是范冰冰的**粉丝**，每次的整容**目标**都是范冰冰的样子。

张云：唉！像范冰冰这样的**大明星**，不知道有多少人想整容成她的样子！可惜，整容成功的**可能性**太低！

王大伟：是啊！所以说，她整容**不是**因为爱我，**而是**因为爱美爱得走火入魔！

张云：**说得有道理**。其实，我身边也有朋友整容，只是，我**个人**认为这不健康，不会去**尝试**。而且，我老公也很**反对**整容。

王大伟：对了，**说到**你老公，昨天晚上聚餐，他怎么没来？

张云：别提了！他最近迷上了**网络游戏**。现在每天下班回家都忙着**打游戏**。他本来也答应了来聚餐，可在出发的最后一刻，还是**舍不得**他的游戏！

259

王大伟：看来，他已经迷上了他的网络**世界**！小心他也
　　　　kàn lái tā yǐ jīng mí shàng le tā de wǎng luò shì jiè xiǎo xīn tā yě
　　　　走火入魔。
　　　　zǒu huǒ rù mó

张云：　他早就走火入魔了！有一次，在**半夜**里，他突然起
　　　　tā zǎo jiù zǒu huǒ rù mó le yǒu yí cì zài bàn yè lǐ tā tū rán qǐ
　　　　床，我以为他去洗手间。可是他很久都没回来，
　　　　chuáng wǒ yǐ wéi tā qù xǐ shǒu jiān kě shì tā hěn jiǔ dōu méi huí lái
　　　　我就去看了一下，**原来**，他又去打游戏了！
　　　　wǒ jiù qù kàn le yí xià yuán lái tā yòu qù dǎ yóu xì le

> **Learning Tip**
>
> 走火入魔 (zǒu huǒ rù mó) is a Chinese expression used to describe someone doing something obsessively.
>
> 走火 refers to a fire running wild or out of control, while 入魔 means becoming demonic, literally to "enter demonic." Therefore you can see how this can be used to describe someone's obsession becoming like a fire running out of control and acting as if possessed by a demon.

Key Vocabulary

聚餐 jù cān	n. v.	dinner party to have a party	以为 yǐ wéi	v.	to think erroneously
误会 wù huì	v.	to mistake	整容 zhěng róng	v.	to have plastic surgery
突然 tū rán	adv.	suddenly	自信 zì xìn	n. adj.	confidence confident
连 lián	conj.	even	彻底 chè dǐ	adv.	completely
安全感 ān quán gǎn	n.	sense of security	抱怨 bào yuàn	v.	to complain
粉丝 fěn sī	n.	fan (follower)	目标 mù biāo	n.	goal
明星 míng xīng	n.	movie star	个人 gè rén	adv.	personally
反对 fǎn duì	v.	to oppose	说到 shuō dào	phr.	to speak of
舍不得 shě bu de	v.	to begrudge; be reluctant to	半夜 bàn yè	n.	midnight
女性 nǚ xìng	n.	female; woman	舍不得 shě bu de	v.	reluctant to part with
男性 nán xìng	n.	male; man	说到… shuō dào		speaking of…
样子 yàng zi	n.	appearance; look	不是… bú shì 而是… ér shì		not… but rather…
可能性 kě néng xìng	n.	possibility	连…都… lián dōu		even…

English Version

Zhang Yun: Have you changed girlfriend again?

Wang Dawei: No! Why do you ask this?

Zhang Yun: At the **dinner party** last night, the girlfriend you brought is different from the one last month. Everyone **believed** you changed girlfriends again.

Wang Dawei: You are **mistaken**! It's the same person for both parties. It's just that she recently **had plastic surgery,** and looks different from before.

Zhang Yun: No way? Which **plastic surgery clinic** has such high technology that changed her appearances **completely** in such a short time!

Wang Dawei: A friend introduced her to **South Korea** for plastic surgery. To be honest, after coming back, **even** I almost couldn't recognize her.

Zhang Yun: She was fairly beautiful before, so why did she **suddenly** go for plastic surgery?

Wang Dawei: She is not a very **confident** person and always lacks a **sense of security**. She was worried about not being beautiful enough and often **complained** that I had too many female friends. I kept persuading her not to go for the plastic surgery, but she didn't listen.

Zhang Yun: It seems she loves you too much, to the extent of **going mad** (walking on the fire and being demonized), that's why she went to get plastic surgery.

Wang Dawei: Oh! "going mad" is correct, but loving me is wrong.

Zhang Yun: Why do you say that?

Wang Dawei: Because this is already her fifth plastic surgery. Before she met me, she had done it domestically in China four times. She is also a **fan** of Fan Bingbing, and every time her surgery **goal** was to look like Fan Bingbing.

Zhang Yun: Oh! A **big movie star** like Fan Bingbing, I'm not sure how many people want to have plastic surgery done to look like her! Unfortunately, the **possibility** of success is too low!

Wang Dawei: Indeed, that's why it is not because she loves me, but because she loves beauty to the extent of madness!

Zhang Yun: It makes sense. In fact, I also have friends who are keen on plastic surgery, but I **personally** think it is unhealthy and will not **try** it. Besides, my husband also **opposes** plastic surgery.

Wang Dawei: By the way, **speaking of** your husband, why didn't he come for the dinner party last night?

Zhang Yun: Don't mention it, recently he has become obsessed with **online games**. Every day he goes to **play games** the moment he arrives home from work. He had agreed to come to the party, but at the last second, he was still **reluctant to** leave his game!

Wang Dawei: It seems he has been fascinated by his online **world**! Be careful, he may also go mad.

Zhang Yun: He has been mad since long ago! There was once, at **midnight**, he suddenly got up and I thought he was going to the toilet. But he didn't come back for a long time, so I went to have a look. **It turned out** that he was playing games again!

51 自食恶果
zì shí è guǒ
Eat One's Own Bitter Fruit

张云：你昨天怎么没来公司上班？
　　　nǐ zuó tiān zěn me méi lái gōng sī shàng bān

杰明：昨天身体不舒服，请了**病假**。
　　　zuó tiān shēn tǐ bù shū fu qǐng le bìng jià

张云：是怎么了？
　　　shì zěn me le

杰明：唉，我以为是自己吃太多了，**不消化**。可医生说是**食物中毒**！
　　　āi wǒ yǐ wéi shì zì jǐ chī tài duō le bù xiāo huà kě yī shēng shuō shì shí wù zhòng dú

张云：真**奇怪**！你来中国那么久，我从来没听说过你吃坏肚子。你**到底**吃了些什么？
　　　zhēn qí guài nǐ lái zhōng guó nà me jiǔ wǒ cóng lái méi tīng shuō guò nǐ chī huài dù zǐ nǐ dào dǐ chī le xiē shén me

杰明：那天我去参加一个生日聚会，在路上经过一个**美食街**，看到了最爱的**烤螃蟹**，就买了十只，打算在聚会上和朋友们吃。没想到，最终挡不住**诱惑**，就自己全吃了。
　　　nà tiān wǒ qù cān jiā yī gè shēng rì jù huì zài lù shàng jīng guò yí gè měi shí jiē kàn dào le zuì ài de kǎo páng xiè jiù mǎi le shí zhī dǎ suàn zài jù huì shàng hé péng yǒu men chī méi xiǎng dào zuì zhōng dǎng bu zhù yòu huò jiù zì jǐ quán chī le

张云：十只烤螃蟹？你的肚子装得下吗？
　　　shí zhī kǎo páng xiè nǐ de dù zi zhuāng de xià ma

杰明：装得下！所以在开饭之前，我的肚子就已经很**撑**了。**更糟糕的是**，我在聚会上还吃了**冰淇淋**蛋糕，没想到，还没吃完就突然肚子疼，然后就开始**上吐下泻**。

张云：唉，这就叫**自食恶果**！

杰明：的确是"自食恶果"！我当时疼得**生不如死**，把朋友们吓坏了，他们就**立刻**送我去了医院，医生说是食物中毒。

张云：是啊！你先吃螃蟹，再吃冰淇淋，当然会**引起**食物中毒。以后千万别再这么乱吃东西了！

杰明：谢谢**提醒**！只是，当面对那么多美食的时候，真的很难**控制**！

张云：所以说，你真的是个**大吃货**！

杰明：大家也总是这么说我，可我是**天生**的，没办法！

Learning Tip

自食恶果 (zì shí è guǒ) is a Chinese idiom that means to "eat one's own bitter fruit." It can be used figuratively to refer to suffering the consequences of one's own actions.

生不如死 (shēng bù rú sǐ) is also a Chinese idiom that means "better to be dead than alive" and refers to some unbearable pain or extreme misery, which could be physical or mental suffering.

Key Vocabulary

病假 bìng jià	n.	sick leave	消化 xiāo huà	v.	to digest
食物中毒 shí wù zhòng dú	n.	food poisoning	奇怪 qí guài	adj.	strange
到底 dào dǐ	adv.	(what) on earth	诱惑 yòu huò	n.	temptation
美食街 měi shí jiē	n.	food street	烤螃蟹 kǎo páng xiè	n.	barbequed crab
撑 chēng	adj.	full (stomach)	上吐下泻 shàng tù xià xiè	v.	to vomit and have diarrhoea
冰淇淋 bīng qí lín	n.	ice cream	引起 yǐn qǐ	v.	to cause
提醒 tí xǐng	n.	reminder	控制 kòng zhì	v.	to control
立刻 lì kè	adv.	immediately	天生 tiān shēng	adj.	inherited characteristic; born this way
面对 miàn duì	v.	to face	肚子疼 dù zi téng	phr.	stomach ache
舒服 shū fu	adj.	comfortable	挡得住 dǎng de zhù	v.	to be able to resist
聚会 jù huì	n.	gathering; party	挡不住 dǎng bu zhù	v.	be unable to resist

English Version

Zhang Yun: Why didn't you come to work yesterday?

Jamie: I was very uncomfortable and took **sick leave**.

Zhang Yun: What happened?

Jamie: Well, I thought I ate too much and couldn't **digest** it. But the doctor said it was **food poisoning**!

Zhang Yun: That's really **strange**! You have been in China for so long, I have never heard of you having a bad stomach. What **on earth** did you eat?

Jamie: I went to a birthday party that day. I walked past a **food market** on the way and saw my favorite **barbecued crabs**. I bought ten of them and planned to eat with friends at the party. However, I was unable to resist the **temptation**, and eventually ate all by myself.

Zhang Yun: Ten barbecued crabs? Can they fit into your belly?

Jamie: Yes! So before the meal started, my stomach was already very **full**. **What's worse**, I also ate **ice cream** cake at the party. So later, I suddenly had a stomach ache before I even finished eating, and then started to **vomit and have diarrhoea**.

Zhang Yun: Well, this is called to **eat one's own bitter fruit**!

Jamie: Indeed I was "eating my own bitter fruit", I was in so much pain that I felt it would be **better to be dead than alive**, and my friends were terrified. They **immediately** took me to the hospital. The doctor said it was food poisoning.

Zhang Yun: Indeed! You ate crabs first, and then ice cream, of course would **cause** food poisoning. Don't eat like this again in the future!

Jamie: Thanks for the **reminder**! It's just that when facing so much delicious food, it's really hard to **control**!

Zhang Yun: That's why you are such a **big foodie**!

Jamie: Everyone always says this to me, but I am **born this way**, no way to change!

52 智商和情商
IQ AND EQ

杰明：你在看什么**电视剧**？为什么一直在笑？

苏飞：哦，我在看《生活大爆炸》，真是太**精彩**，太**搞笑**了！

杰明：亲爱的，麻烦你控制一下你的**笑声**。别忘了，上次**隔壁**的邻居来敲门，**抱怨**你的笑声太大，已经吵到他睡觉了。

苏飞：那个胖家伙是个**睡觉大王**，耳朵又大又尖。我也没办法！

杰明：别**开玩笑**了！小心他**投诉**你。而且，这部剧，我觉得是越看越**无聊**，你怎么会那么喜欢？

苏飞：不是无聊，是你的**幽默细胞**不够，不懂欣赏！

杰明：看来，你真是这部剧的**忠实粉丝**！

苏飞：当然！这是我最喜欢的电视剧，虽然很老，但是很搞笑。里面的**人物**都非常有趣，也经常引起我的**思考**。

杰明：什么思考？

苏飞：你看，里面的几个主角都是**智商**超高的**科学家**，可是他们却经常在生活、事业、**感情**上出问题。原因就是他们的**情商**太低了！

杰明：没错！世界上也的确有这样的人，在**学术**上是**天才**，在其他方面却是**笨蛋**。

苏飞：所以，我一直在思考：在成功的路上，智商和情商，**到底**哪个更重要？

杰明：这个问题太难了，不同的人也会有不同的**答案**。

苏飞：是啊！不过，我觉得应该是情商。

杰明：为什么？

苏飞：比如说，在中国社会，建立**人际关系**很重要。而情商低的人不会**为人处事**，很难建立关系。**即使**他们的智商高，如果没有**支持者**，也会很难成功。

杰明：说得有道理。其实，现在社会的很多工作都不需要极高的智商，可是却需要极高的情商，特别是**高层**的工作。

苏飞：不仅是高层，**基层**和**中层**也是。就像我的同事

小江，工作能力一般，但是人际关系非常好，在
xiǎo jiāng gōng zuò néng lì yì bān dàn shì rén jì guān xi fēi cháng hǎo zài
三年**之内**就从基层升到了高层。
sān nián zhī nèi jiù cóng jī céng shēng dào le gāo céng

杰明：**果然**厉害！只是，情商高就一定能**成功**吗？
guǒ rán lì hai zhǐ shì qíng shāng gāo jiù yí dìng néng chéng gōng ma

苏飞：不一定。可是，情商低一定会**失败**！
bù yí dìng kě shì qíng shāng dī yí dìng huì shī bài

Key Vocabulary

电视剧 diàn shì jù	n.	TV series	搞笑 gǎo xiào	adj.	funny
笑声 xiào shēng	n.	laughter	投诉 tóu sù	v.	to sue
无聊 wú liáo	adj.	boring	幽默 yōu mò	n.	humor
细胞 xì bāo	n.	cell	忠实 zhōng shí	adj.	loyal
人物 rén wù	n.	character	思考 sī kǎo	v.	to reflect
科学家 kē xué jiā	n.	scientist	学术 xué shù	n.	academics
人际关系 rén jì guān xi	n.	human connection	为人处事 wéi rén chǔ shì	phr.	to get along with people
天才 tiān cái	n.	genius	笨蛋 bèn dàn	n.	fool
即使 jí shǐ	conj.	even if	支持者 zhī chí zhě	n.	supporter
成功 chéng gōng	v.	to succeed	失败 shī bài	v.	to fail

Learning Tip

zhì shāng
智商 literally means "wisdom business," but refers to "IQ" (intelligence quotient).

qíng shāng
情商 literally means "emotional business" but refers to "EQ" (emotional quotient).

English Version

Jamie: What **TV series** are you watching? Why do you keep laughing?

Su Fei: Oh, I'm watching *The Big Bang Theory*, it's so **fascinating** and so **funny**!

Jamie: My dear, please control your **laughter**. Don't forget, the neighbour **next door** knocked our door last time and **complained** that your laughter was so loud that it disturbed his sleep.

Su Fei: That fat guy is a **sleep lover** (sleep king) with big sharp ears. I can't help it!

Jamie: Stop kidding! Be careful, he might **sue** you. Besides, this drama, I think the more you watch it, the more **boring** it becomes. Why do you like it so much?

Su Fei: It's not boring, it's just you don't have enough **humorous cells** in your body - don't know how to appreciate it!

Jamie: It seems that you are really a **loyal fan** of this show!

Su Fei: Of course! This is my favorite TV show, although it's old, it's very funny. The **characters** in it are all very interesting and often made me **reflect**.

Jamie: Reflect on what?

Su Fei: You see, these characters are all **scientists** with super high **IQ**, but they often have problems in life, career, and **relationships**. The reason is that their **EQ** is too low!

Jamie: That's right! There are indeed people like this in the world, **geniuses** in **academics**, but **fools** in other respects.

Su Fei: So, I have been thinking: On the journey to success, IQ and EQ, which **on earth** is more important?

Jamie: This question is too difficult, and different people will have different **answers**.

Su Fei: Yup! However, I think it should be EQ.

Jamie: Why?

Su Fei: For example, in Chinese society, establishing **connections** is very important. People with low EQ often fail to **get on well with people**, hence find it difficult to build connections. **Even if** they have high IQ, it would be hard to succeed without **supporters**.

Jamie: It makes sense. In fact, many jobs these days do not require extremely high IQ, but they often need extremely high EQ, especially **high-level** jobs.

Su Fei: Not only with high levels, but also with the **low levels** and **middle levels**. Just like my colleague Jiang, his work ability is average, but his connections are very good, and he has risen from the low level to the high level **within** three years.

Jamie: Indeed amazing! But will people with high EQ definitely **succeed**?

Su Fei: Not necessarily. However, low EQ will definitely make people **fail**!

53 新春快乐
xīn chūn kuài lè
HAPPY CHINESE NEW YEAR

苏飞: 今晚是**大年三十**，明天是**春节**。祝大家**新春快乐**！**身体健康**！**万事如意**！**干杯**！
jīn wǎn shì dà nián sān shí míng tiān shì chūn jié zhù dà jiā xīn chūn kuài lè shēn tǐ jiàn kāng wàn shì rú yì gān bēi

王大伟: 干杯！谢谢你们请我来吃**年夜饭**。我祝你们新年快乐，**恭喜发财**！
gān bēi xiè xie nǐ men qǐng wǒ lái chī nián yè fàn wǒ zhù nǐ men xīn nián kuài lè gōng xǐ fā cái

杰明: 谢谢大伟！恭喜发财！红包拿来！
xiè xie dà wěi gōng xǐ fā cái hóng bāo ná lái

王大伟: 现在没有红包！不过，我早上在**微信群**里给大家发了红包，你没抢到吗？
xiàn zài méi yǒu hóng bāo bú guò wǒ zǎo shàng zài wēi xìn qún lǐ gěi dà jiā fā le hóng bāo nǐ méi qiǎng dào ma

杰明: 你没有**提前**告诉我！我看到消息的时候，红包已经被其他人**抢光**了！
nǐ méi yǒu tí qián gào sù wǒ wǒ kàn dào xiāo xi de shí hòu hóng bāo yǐ jīng bèi qí tā rén qiǎng guāng le

王大伟: 你太慢了！**活该**！
nǐ tài màn le huó gāi

苏飞: 你们两个**大人**，怎么像孩子一样抢红包？
nǐ men liǎng gè dà rén zěn me xiàng hái zi yí yàng qiǎng hóng bāo

杰明： 还说我们，你今天不是也收到了很多红包吗？

王大伟：真**羡慕**你！你收的红包一共多少钱？

苏飞： 唔，不算多，一共就2000块钱！不过，我也给他们发了红包啊。

王大伟：唉！要是我也能收到那么多红包，该有多好！

杰明： 我觉得有红包当然好！不过，**即使**没有红包，也可以玩得**欢天喜地**！

王大伟：你应该说：是吃得"欢天喜地"！你刚刚吃了那么多**烤肉**、**红烧鱼**、饺子，小心被撑死！

苏飞： 是啊！如果你撑死了，一会儿怎么帮忙**打扫家里**、**贴春联**、挂灯笼？这些可都是年三十的**传统**。

杰明： 放心吧，作为一个**超级**吃货，我的肚子**空间**也超级大，撑不死的。

王大伟：那可不一定！苏飞，你的**厨艺**那么好！杰明和你在一起，真是他的**福气**！

苏飞： 哪里哪里！你女朋友的厨艺应该也不错吧？

王大伟：**别提了**！交往两个月，没见过她做饭。再说，她一次又一次地**整容**，我**受不了**了。几天前，趁着她要离开上海、回老家过年，我跟她**分手**了。

杰明： 唉！说实话，**兄弟**，我已经很习惯你分手了，所以完全不**吃惊**！

274

苏飞： 只是，回家过年是一件**开心**的事，却也和你分手
了，她一定非常**伤心**。

王大伟：她**的确**伤心了几个小时，一直给我打电话，又哭
又闹。后来，我**挂了电话**，直接用微信给她发了
888元红包，她就**安静**了！

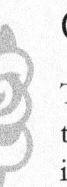

Culture Corner

The Chinese New Year (Lunar New Year) marks the beginning of Spring season in China, hence it is also called Spring Festival. It's the oldest and biggest Chinese traditional festival with celebrations commencing from New Year's Eve lasting two weeks up to the Lantern Festival. Big feasts, sending red envelopes/packets, house cleaning, sticking up spring couplets, and hanging lanterns are all part of the traditional activities.

This conversation contains several four character idioms that are all popular festive greetings that you can use for any happy festivals or events. See if you can pick up them all, then try them out yourself!

Key Vocabulary

大年三十 dà nián sān shí	n.	Chinese New Year's Eve	开心 kāi xīn	adj.	happy
提前 tí qián	adv.	in advance	伤心 shāng xīn	adj.	sad
羡慕 xiàn mù	v.	to envy	活该 huó gāi		[you] deserve it!
贴春联 tiē chūn lián		to stick up Spring couplets	打扫 dǎ sǎo	v.	to clean
空间 kōng jiān	n.	space	挂灯笼 guà dēng lóng		to hang lanterns
福气 fú qi	n.	blessing	厨艺 chú yì	n.	cooking skills
受不了 shòu bu liǎo	phr.	cannot bear	整容 zhěng róng	v.	to have plastic surgery
春节 chūn jié	n.	Spring festival; Chinese New Year	兄弟 xiōng dì	n.	brother
挂电话 guà diàn huà	phr.	hang up a call	安静 ān jìng	adj.	quiet

Chinese New Year Wishful Phrases

新春快乐 xīn chūn kuài lè	Happy Chinese New Year/Spring Feistval	身体健康 shēn tǐ jiàn kāng	May You Stay Healthy
万事如意 wàn shì rú yì	Wish You All the Best	恭喜发财 gōng xǐ fā cái	Enjoy Prosperity & Wealth
新年快乐 xīn nián kuài lè	Happy New Year	欢天喜地 huān tiān xǐ dì	Have Great Fun

English Version

Su Fei: Tonight is **Chinese New Year's Eve**, and tomorrow is the **Spring Festival**. I wish all of us **Happy Chinese New Year** (Happy Spring Festival)! **Stay healthy**! **All the best**! Cheers!

Wang Dawei: Cheers! Thank you for inviting me for **the New Year's Eve dinner**. I wish you Happy New Year, **Enjoy prosperity and wealth** (congratulations on getting rich)!

Jamie: Thank you Dawei! May you also enjoy prosperity and wealth! Now give me the red packet!

Wang Dawei: No red packet now! However, I did send red packets in the **WeChat group** this morning. Didn't you snatch some?

Jamie: You didn't tell me **in advance**! When I saw the message, the red packets had **all** been **snatched** by others!

Wang Dawei: You are too slow! **You deserved it**!

Su Fei: How could you two **adults** fight for red packets like children?

Jamie: Complaining about us? Didn't you also receive a lot of red packets today?

Wang Dawei: I really **envy** you! how much did you receive from your red packets?

Su Fei: Well, not too many, it's only 2000 yuan! But, I sent them red packets too.

Wang Dawei: Ah! If I could receive so many red packets, how great would it be!

Jamie: I think it's good to have red packets! However, **even if** you don't have them, you can still **have great fun** (have joy from both heaven and earth)!

Wang Dawei: You should say: eating to "have great fun!" You just ate so much **barbecued meat, red braised fish**, and dumplings. Be careful of being crushed to death by food!

Su Fei: Indeed! If you were crushed, how could you help with **house cleaning, sticking up spring couplets**, and hanging lanterns? These are all New Year's Eve **traditions**.

Jamie: Don't worry, as a **super** foodie, my stomach **space** is also super big, I will not be crushed by food.

Wang Dawei: Not necessarily! Su Fei, your **cooking skills** are so good! It's really Jamie's **blessing** to be with you!

Su Fei: Thanks for the compliment! Your girlfriend's cooking skills should be good too, right?

Wang Dawei: Don't mention it! Dating for two months, never even saw her cooking. Besides, she keeps **doing plastic surgery** over and over again, I **can't bear it** anymore. A few days ago, when she was about to leave Shanghai to return to her hometown for the New Year, I **broke up** with her.

Jamie: Oh! To be honest, **bro,** I'm so used to your breaking up, I'm not **shocked** at all!

Su Fei: Well, it's a **happy** thing to go home for the New Year, but she also broke up with you, she must be very **sad**.

Wang Dawei: She was **indeed** sad for a few hours and kept calling me, crying and shouting. Later, I **hung up** the **phone** and sent her a red packet of 888 yuan via WeChat, then she became **quiet** immediately!

54 我的大佬客户
wǒ de dà lǎo kè hù
My Crazy Rich Client

张云：你听过中国的一句**古话**吗？叫：**人不可貌相，海水不可斗量**。
nǐ tīng guò zhōng guó de yí jù gǔ huà ma jiào rén bù kě mào xiàng hǎi shuǐ bù kě dǒu liáng

杰明：听过，但是还不**确定**它的意思。你告诉我吧！
tīng guò dàn shì hái bú què dìng tā de yì si nǐ gào sù wǒ ba

张云：意思是：不能根据**相貌**去**判断**一个人，就像不能用"斗"去**测量**海水。
yì si shì bù néng gēn jù xiàng mào qù pàn duàn yí gè rén jiù xiàng bù néng yòng dǒu qù cè liáng hǎi shuǐ

杰明：听上去很有道理。生活中也的确有些人，看上去很普通，却**深不可测**。
tīng shàng qù hěn yǒu dào lǐ shēng huó zhōng yě dí què yǒu xiē rén kàn shàng qù hěn pǔ tōng què shēn bù kě cè

张云：是啊！就像上个月我去法国**出差**的时候，遇到的那个**大佬客户**。
shì a jiù xiàng shàng gè yuè wǒ qù fǎ guó chū chāi de shí hòu yù dào de nà gè dà lǎo kè hù

杰明：是什么情况？
shì shén me qíng kuàng

张云：当时我在办公室和总经理的**助理**谈话。助理走后，一个穿着很**随便**的人进来，他为我倒了咖啡，
dāng shí wǒ zài bàn gōng shì hé zǒng jīng lǐ de zhù lǐ tán huà zhù lǐ zǒu hòu yí gè chuān zhuó hěn suí biàn de rén jìn lái tā wèi wǒ dào le kā fēi

还很**热情**地向我问好。我以为他是公司的**清洁工**,就告诉他我很忙,在等**总经理**,不能多聊。

杰明：难道这个人不是清洁工？

张云：唉,还真不是!**接着**,助理就回来了,跟我介绍他就是公司总经理。我觉得又**吃惊**又**尴尬**,脸都红了。

杰明：嗯,**果然**不是普通人!而且,总经理穿得像工人,谁看见都会吃惊!

张云：不管怎么样,我都觉得很**不好意思**。

杰明：这让我想起了去年在美国见到的另一个**客户**。只是,情况和你的完全**相反**。

张云：真的吗?快说来听听。

杰明：那个客户在跟我**谈生意**的时候穿得很正式,说话很**谦虚**,做事也很**低调**。可是,过了几天,我们签完**合同**后,他却完全变了样子。

张云：是什么样子?

杰明：他穿上**超短裤**带我去疯狂地玩儿,很**骄傲**地给我讲他是**如何**建立了十个公司、又如何卖了公司成为**亿万富翁**。而且,到了晚上,他还带我去**夜店**,又喝酒又跳舞,非常**高调**。

张云：那你们有没有**喝醉**?

杰明：我没醉,但是他醉了。我送他回家后,他还给我看了他在**别墅**里收藏的十辆法拉利。原来,他每次卖一个公司，都会去买一辆新的法拉利**庆祝**！
mài yí gè gōng sī　dōu huì qù mǎi yí liàng xīn de fǎ lā lì qìng zhù

张云：哇！果然**厉害**！看来，你的客户才是真正的**大佬客户**！
wā　guǒ rán lì hai　kàn lái　nǐ de kè hù cái shì zhēn zhèng de dà lǎo kè hù

Key Vocabulary

古话 gǔ huà	n.	ancient saying
相貌 xiàng mào	n.	appearance
测量 cè liáng	v.	to measure
出差 chū chāi	v.	to go on a business trip
热情 rè qíng	adj.	warm
总经理 zǒng jīng lǐ	n.	CEO; general manager
尴尬 gān gà	adj.	embarrassed
骄傲 jiāo ào	adj.	proud
低调 dī diào	adj.	low profile; low-key
厉害 lì hai	adj.	great; amazing (people)
谈生意 tán shēng yi	phr.	to discuss business
确定 què dìng	v.	to be sure; certain
判断 pàn duàn	v.	to judge
深不可测 shēn bù kě cè	idiom	profound and unpredictable
助理 zhù lǐ	n.	assistant
清洁工 qīng jié gōng	n.	cleaner
吃惊 chī jīng	adj.	shocked
果然 guǒ rán	adv.	as expected; indeed
谦虚 qiān xū	adj.	modest
高调 gāo diào	adj.	high profile; high-key
别墅 bié shù	n.	villa
亿万富翁 yì wàn fù wēng	n.	billionaire

Learning Tip

dà lǎo
大佬 means "big rich man," although in the past it was also used to mean "gangster." Nowadays it is a colloquial term to describe someone who is very rich, hence 大佬客户 means "crazy rich client."

English Version

Zhang Yun: Have you ever heard a Chinese **old saying** "**You cannot judge a man by his appearance, just like you cannot use a bucket to measure water in the sea?**"

Jamie: I've heard it, but I'm not **sure** what it means. Tell me!

Zhang Yun: It means: you cannot **judge** a person based on his **appearance**, just like you cannot use a "bucket" to **measure** sea water.

Jamie: It makes sense. There are indeed some people in life who seem ordinary but **super profound and unpredictable** inside.

Zhang Yun: Yes! Just like the **crazy rich client** I met when I went to France for a **business trip** last month.

Jamie: What was the situation?

Zhang Yun: I was talking with the **assistant** of the general manager in the office. After the assistant left, a **casually** dressed man came in. He poured coffee for me and greeted me **warmly**. I thought he was the company **cleaner**, so I told him that I was very busy waiting for the **CEO**, and could not talk more.

Jamie: Wasn't this person a cleaner?

Zhang Yun: Oh, really not! **Then**, the assistant came back and introduced him as general manager to me. I felt **shocked** and **embarrassed**, and my face blushed.

Jamie: Well, **indeed** not an ordinary person! Besides, when the general manager dressed like a worker, anyone would be surprised to see!

Zhang Yun: No matter what, I feel very **awkward**.

Jamie: This reminds me of another **client** I saw in the United States last year. However, the situation was completely **opposite** to yours.

Zhang Yun: Really? Tell me now.

Jamie: The client dressed very formally when **discussing the business** with me, spoke very **modestly**, and was very **low-key** in all things. However, a few days later, after we signed the **contract**, he changed completely.

Zhang Yun: What was he like?

Jamie: He put on his **short shorts**, took me to play crazily, and **prouldy** told me **how** he founded ten companies and how he sold them to become a **billionaire**. Moreover, at night, he took me to the **nightclub**, drinking and dancing, very **high-profile** (high key) in every aspect.

Zhang Yun: Were you **drunk**?

Jamie: I was not drunk, but he was. After I drove him home, he also showed me ten

Ferraris in his **villa**. It turned out that each time he sold a company, he would buy a new Ferrari to **celebrate**!

Zhang Yun: Wow! That's **amazing**! It seems your one was the true **crazy rich client**!

55

入乡随俗
rù xiāng suí sú
Do As the Locals Do

杰明：丽丽，我可以问你一个问题吗？
　　　lì lì wǒ kě yǐ wèn nǐ yí gè wèn tí ma

李丽：别这么**客气**！你想问什么就问什么，我**一定**回答。
　　　bié zhè me kè qi nǐ xiǎng wèn shén me jiù wèn shén me wǒ yí dìng huí dá

杰明：昨天飞飞的父母来看我们，不知道为什么，他们都
　　　zuó tiān fēi fēi de fù mǔ lái kàn wǒ men bù zhī dào wèi shén me tā men dōu
　　　让我叫他们爸爸妈妈。我以前都是叫他们**叔叔阿**
　　　ràng wǒ jiào tā men bà ba mā ma wǒ yǐ qián dōu shì jiào tā men shū shu ā
　　　姨。现在突然**改口**，不太习惯。
　　　yí xiàn zài tū rán gǎi kǒu bú tài xí guàn

李丽：这很正常啊！难道你没有问飞飞吗？
　　　zhè hěn zhèng cháng a nán dào nǐ méi yǒu wèn fēi fēi ma

杰明：我问了，飞飞说是因为他的爸妈觉得我越来越可
　　　wǒ wèn le fēi fēi shuō shì yīn wèi tā de bà mā jué de wǒ yuè lái yuè kě
　　　爱。只是，我不太明白，我都快28岁了，怎么会越来
　　　ài zhǐ shì wǒ bú tài míng bái wǒ dōu kuài suì le zěn me huì yuè lái
　　　越可爱？
　　　yuè kě ài

李丽：这太简单了！不是你越来越可爱，而是她爸妈越来
　　　zhè tài jiǎn dān le bú shì nǐ yuè lái yuè kě ài ér shì tā bà mā yuè lái
　　　越喜欢你。他们已经把你当成他们的"**准女**
　　　yuè xǐ huān nǐ tā men yǐ jīng bǎ nǐ dāng chéng tā men de zhǔn nǚ
　　　婿"！所以才会让你这样叫他们。
　　　xu suǒ yǐ cái huì ràng nǐ zhè yàng jiào tā men

杰明：可是，我和飞飞都还没有**订婚**，这样叫是不是太快了？

李丽：不算快！你们已经在一起一年多了，感情**稳定**，她爸妈一定是对你们将来的**婚姻**很有信心。

杰明：我真笨，我还以为他们在**取笑**我，或者**考验**我。

李丽：怎么可能？在中国，结婚之前叫双方的父母"爸妈"很正常，也很**流行**。

杰明：**幸亏**你告诉我！其实，我一直担心她父母会**反对**我们结婚。**毕竟**，很多中国父母都希望**女婿**有房有车。而我，没房，还开着**二手车**。

李丽：但是你是个好男生，有一份好工作，还能说**流利**的中文。现在他们让你叫"爸妈"，是**认可**你，希望你"**入乡随俗**"。

杰明：你说得很对！只是，说到"入乡随俗"，来中国一年多了，我觉得有时候容易，有时候真的不容易！

李丽：的确！就像，你喜欢吃中餐，也喜欢说中文。可是，有些中国的**思想观念**，你不一定都会喜欢，**文化冲突**是很正常的。

杰明：是很正常！不管是工作，还是生活，都会**遇到**。

李丽：是啊！所以，我**一直**觉得，不同文化的人更应该相互**尊重**和**理解**。

杰明：我非常同意！

Key Vocabulary

客气 kè qi	adj.	courteous	女婿 nǚ xu	n.	son in law
一定 yí dìng	adv.	definitely	改口 gǎi kǒu	v.	to change (how to address sb.)
订婚 dìng hūn	v.	to engage	稳定 wěn dìng	adj.	stable
婚姻 hūn yīn	n.	marriage	取笑 qǔ xiào	v.	to make fun of
考验 kǎo yàn	v.	to test	流行 liú xíng	adj.	popular
幸亏 xìng kuī	adv.	luckily	流利 liú lì	adj.	fluent
认可 rèn kě	v.	to recognize	思想观念 sī xiǎng guān niàn	n.	ideology
文化冲突 wén huà chōng tū	n.	culture shock	理解 lǐ jiě	v.	to understand
毕竟 bì jìng	adv.	afterall	尊重 zūn zhòng	v.	to respect
双方 shuāng fāng	n.	both sides	遇到 yù dào	v.	to encounter; to meet
反对 fǎn duì	v.	to oppose; to object	有信心 yǒu xìn xīn	phr.	to have confidence

Learning Tip

rù xiāng suí sú
入乡随俗 literally means "enter the hometown and follow its customs," it is an idiom that means when you are in a new place you should follow the local customs and traditions.

English Version

Jamie: Lili, may I ask you a question?

Li Li: Don't be so **courteous**! Just ask whatever you want, I will **definitely** answer.

Jamie: Feifei's parents came to see us yesterday. I don't know why, they both asked me to call them Mum and Dad. I used to call them **uncle and auntie**. Now suddenly I got to **change** it and I am not used to it.

Li Li: This is normal! Didn't you ask Feifei?

Jamie: I asked, Feifei said it was because his parents feel I am more and more cute. I just don't understand, I'm almost 28 years old, how am I more cute?

Li Li: This is too simple! It's not that you are more cute, but that her parents like you more. They have regarded you as their '**future son-in-law**'! That's why they asked you to call them that way.

Jamie: But, Feifei and I are not **engaged** yet, is it not too soon to call this way?

Li Li: Not really! You have been together for more than a year, and your relationship is **stable**. Her parents must be very confident in your future **marriage**.

Jamie: I'm so stupid, I thought they were **making fun of** me or **testing** me.

Li Li: How could this be possible? In China, it is normal and very **popular** to call both sides' parents "mum and dad" before marriage.

Jamie: Luckily you told me! In fact, I have always worried that her parents would **oppose** our marriage. **After all**, many Chinese parents want their **son-in-law** to have a house and a car. I don't have a house and I drive a **second-hand car**.

Li Li: But you are a good guy, have a good job, and speak **fluent** Chinese. Now they ask you to call them "mum and dad" because they **recognize** you and hope you can "**do as the locals do**."

Jamie: You are right! It's just, when it comes to "doing as the locals do," I've been here for more than a year, sometimes I find it easy, but sometimes it's really hard!

Li Li: Indeed! Just like, you love eating Chinese food and speaking Chinese. However, you may not always like some Chinese **ideologies**, **culture shock** is normal.

Jamie: Normal, indeed! Whether in work or life, I have **encountered** it.

Li Li: Yes! Therefore, I have **always** felt that people from different cultures should **respect** and **understand** each other.

Jamie: I totally agree!

56 赔了夫人又折兵
péi le fū ren yòu zhé bīng
WHAT A DOUBLE LOSS

杰明：你平时买**彩票**吗？
nǐ píng shí mǎi cǎi piào ma

张云：从来不买。可是，我老公经常买，可惜，买了十年
cóng lái bù mǎi　kě shì　wǒ lǎo gōng jīng cháng mǎi　kě xī　mǎi le shí nián
的彩票，最高的一次只中了250元。
de cǎi piào　zuì gāo de yí cì zhǐ zhòng le　yuán

杰明：太**搞笑**了！居然中了这个数字？我记得"二百五"
tài gǎo xiào le　jū rán zhòng le zhè gè shù zì　wǒ jì de　èr bǎi wǔ
有"笨蛋"的意思。
yǒu　bèn dàn　de yì si

张云：连我也**骂**他是二百五，想让他**放弃**买彩票，可他
lián wǒ yě mà tā shì èr bǎi wǔ　xiǎng ràng tā fàng qì mǎi cǎi piào　kě tā
就是不听。
jiù shì bù tīng

杰明：你**反对**他买彩票吗？
nǐ fǎn duì tā mǎi cǎi piào ma

张云：当然！我觉得男人就应该**一心一意**地工作，这样
dāng rán　wǒ jué de nán rén jiù yìng gāi yì xīn yí yì de gōng zuò　zhè yàng
才能好好**照顾**家。买彩票是危险**投资**，还会让男
cái néng hǎo hǎo zhào gù jiā　mǎi cǎi piào shì wēi xiǎn tóu zī　hái huì ràng nán
人变得**三心二意**，不能照顾家。
rén biàn de sān xīn èr yì　bù néng zhào gù jiā

杰明：你说得太夸张了吧？**万一**，有一天他**中大奖**，你
nǐ shuō de tài kuā zhāng le ba　wàn yī　yǒu yì tiān tā zhòng dà jiǎng　nǐ

不会一起高兴吗？

张云：唉！**首先**，他中大奖的可能性很低。**其次**，即使他中了大奖，我也不会太高兴。

杰明：你对他好像没什么**信心**。

张云：的确没信心！而且，我发现很多人中大奖后会**彻底**变样，不仅会很**懒**，还会乱投资。就像我大哥，三年前中了八百万，三年后成了**穷光蛋**！

杰明：怎么会这样？是你的亲大哥吗？

张云：是的。他当时中了八百万后就**辞职**了，然后天天**吃喝玩乐**。还花了四百万买了一套**别墅**，接着，他开始对他老婆三心二意，还包养**小三**。

杰明：什么是"小三"？

张云：就是**情人**！他为了小三，很快就跟他老婆**离婚**了。只可惜，才过了三年，他就失去了**一切**。

杰明：怎么那么快？发生了什么？

张云：他不工作，又到处乱投资，结果投资失败，不仅赔了房子，也输了所有的钱。就连那个小三也离开他了，简直是"**赔了夫人又折兵**！"

杰明：真**倒霉**！所以，你反对你老公买彩票，是不希望**旧事重演**？

张云：当然！虽然，他总是说自己懂投资，不会像我哥一样倒霉。可是，如果他也有小三，我该怎么办？

Key Vocabulary

彩票 cǎi piào	n.	lottery	照顾 zhào gù	v.	to take care of
从来不 cóng lái bù		never	投资 tóu zī	v. n.	to invest investment
万一 wàn yī	conj.	what if	中大奖 zhòng dà jiǎng	phr.	win the jackpot
首先 shǒu xiān	adv.	firstly	其次 qí cì	adv.	secondly
彻底 chè dǐ	adv.	completely	辞职 cí zhí	v.	to resign
别墅 bié shù	n.	villa	情人 qíng rén	n.	mistress
小三 xiǎo sān	slang	mistress	离婚 lí hūn	v.	to divorce
吃喝玩乐 chī hē wán lè	phr.	idle away one's time in pleasure	穷光蛋 qióng guāng dàn	slang	pauper *(poor bald egg)*
一切 yí qiè	n.	everything	旧事重演 jiù shì chóng yǎn	idiom	to repeat old tragedies

Learning Tip

péi le fū ren yòu zhé bīng
赔了夫人又折兵 is a Chinese allegorical term literally meaning "lost one's wife and soldiers at the same time," it is used to refer to the loss of two valuable things in one go and is translated as "what a double loss" in this dialogue.

yì xīn yí yì
一心一意 literally means "one heart, one will." It is a Chinese idiom to emphasize being incredibly focussed.

sān xīn èr yì
The opposite phrase is 三心二意 that literally means "three hearts, two wills," and refers being very "distracted."

English Version

Jamie: Do you usually buy **lottery tickets**?

Zhang Yun: Never. However, my husband often buys it. Unfortunately after buying lottery tickets for 10 years, the highest amount he won was only 250 yuan.

Jamie: So **funny**! Actually hit this number? I remember that "two hundred and fifty" has the meaning of an "idiot".

Zhang Yun: I even **scolded** him as 250 (idiot). I wanted him to **give up** the lottery, but he just wouldn't listen.

Jamie: Do you **oppose** him buying lottery tickets?

Zhang Yun: Of course! I think men should **concentrate** (one heart, one will) on work so that they can **take good care** of family. Buying lottery tickets is a risky **investment**, and it also makes men **distracted** (three hearts, two wills) and unable to fulfill family duty.

Jamie: You're exaggerating? **What if**, one day he **wins the jackpot**, won't you be happy as well?

Zhang Yun: Oh! **Firstly**, his chances of winning the jackpot are very low. **Secondly**, even if he won the jackpot, I wouldn't be that happy.

Jamie: You don't seem to have much **confidence** in him.

Zhang Yun: Indeed not! Besides, I notice that many people change **completely** after winning the jackpot. Not only would they be **lazy**, but also squander money. Just like my big brother, he won 8 million three years ago and became a **pauper** (poor egg) three years later!

Jamie: How could this be? Was it your own brother?

Zhang Yun: Yes. He **quit** his job after winning 8 million, and then **idled away his time in pleasure** (eat, drink and have fun). He also spent four million to buy a large **villa**, and then he began to be distracted away from his wife, and had a **mistress** (little three).

Jamie: What is "little three"?

Zhang Yun: It means **mistress**! He **divorced** his wife soon for the mistress. Unfortunately, after only three years, he lost **everything**.

Jamie: How so fast? what happened?

Zhang Yun: He didn't work and he made random investments everywhere. As a result, all investments failed. He not only lost the house, but also all the money. Even the mistress left him, exactly like **"a double loss"** (lost wife and soldiers at the same time)!

Jamie: What **bad luck**! So, the reason you are against your husband buying lottery tickets is because you don't want **to repeat old tragedies**?

Zhang Yun: Of course! Although he always said he understands investment and will not be as unlucky as my brother. But, if he also had a mistress, what should I do?

57 自找苦吃
zì zhǎo kǔ chī
ASKING FOR ONE'S OWN HARDSHIP

李丽：不好意思！我迟到了。
bù hǎo yì si wǒ chí dào le

苏飞：没关系。你在微信上说遇到了个小**意外**，发生什么了？
méi guān xi nǐ zài wēi xìn shàng shuō yù dào le gè xiǎo yì wài fā shēng shén me le

李丽：唉！刚刚我和同事一起骑自行车的时候，他不小心**摔倒**了。
āi gānggāng wǒ hé tóng shì yì qǐ qí zì xíng chē de shí hòu tā bù xiǎo xīn shuāi dǎo le

苏飞：他有没有**受伤**？
tā yǒu méi yǒu shòu shāng

李丽：没受伤，可是他的手机**摔坏**了，大概会**损失**几千元。
méi shòu shāng kě shì tā de shǒu jī shuāi huài le dà gài huì sǔn shī jǐ qiān yuán

苏飞：真倒霉！现在是下班**高峰期**，大街上**人山人海**，骑车的时候一定要小心。
zhēn dǎo méi xiàn zài shì xià bān gāo fēng qī dà jiē shàng rén shān rén hǎi qí chē de shí hòu yí dìng yào xiǎo xīn

李丽：唉！其实这是他的错。当时我们在骑车，路边站着一个穿得很**性感**的女生，他**忍不住**多看了几眼。
āi qí shí zhè shì tā de cuò dāng shí wǒ men zài qí chē lù biān zhàn zhe yí gè chuān de hěn xìng gǎn de nǚ shēng tā rěn bu zhù duō kàn le jǐ yǎn

结果，在**拐弯**的时候，他没注意，就突然摔倒了。

苏飞：真是个**糊涂蛋**！骑车的时候不看路，却看**美女**，当然会出意外！这简直是**自找苦吃**！

李丽：的确是"自找苦吃"。只是，他的手机坏了，到了地铁站不能买票。我得用我的手机帮他买。

苏飞：是啊！现在的生活，不管去哪里、做什么，都得用手机。以前出门，我最怕忘带**钱包**。现在出门，最怕忘带手机。

李丽：我不仅怕忘带手机，更怕手机没电！这就是**网络时代**的**挑战**，大家太**依赖**手机了！

苏飞：的确！不过，网络时代的机会也很多。我最近在**考虑辞职**，然后跟朋友**合作**，去办一个**网校**。

李丽：你是认真的吗？**创业**的危险太大了！

苏飞：我知道有危险，可我不怕。而且，我真的很**讨厌**现在的工作。公司就像**人间地狱**，不仅**工资**低、还得经常**加班**。

李丽：那这件事，你告诉你爸妈和杰明了吗？

苏飞：嗯，都说了。我爸妈很反对，说创业很**艰苦**，让我不要"自找苦吃"。可是，杰明**支持**我，说我很**勇敢**，让我**坚持梦想**。

Key Vocabulary

意外 yì wài	n.	accident	摔倒 shuāi dǎo	v.	to fall off
损失 sǔn shī	v. / n.	to lose / loss	高峰期 gāo fēng qī	n.	peak time
人山人海 rén shān rén hǎi	idiom	very crowded	性感 xìng gǎn	adj.	sexy
忍不住 rěn bu zhù	v.	cannot bear; cannot help	美女 měi nǚ	n.	beauty
糊涂蛋 hú tu dàn	n.	fool *(confused egg)*	支持 zhī chí	v.	to support
钱包 qián bāo	n.	wallet	时代 shí dài	n.	era
挑战 tiāo zhàn	v. / n.	to challenge / challenge	依赖 yī lài	v.	rely on
考虑 kǎo lǜ	v.	to consider	合作 hé zuò	v.	to cooperate
网校 wǎng xiào	n.	online school	创业 chuàng yè	v.	start a business
人间地狱 rén jiān dì yù	n.	living hell	艰苦 jiān kǔ	adj.	bitter
勇敢 yǒng gǎn	adj.	brave	梦想 mèng xiǎng	n.	dream *(goals)*

Learning Tip

自找苦吃 zì zhǎo kǔ chī is a Chinese idiom that means to "ask for one's own hardship." It can be used either to describe someone making stupid mistakes that result in harsh consequences, or to describe someone carrying on with "difficult tasks" despite being aware of its difficulties.

English Version

Li Li: Sorry! I am late.

Su Fei: It doesn't matter. You mentioned on WeChat there was a small **accident**, what happened?

Li Li: Oh! When I was riding a bicycle with my colleague, he accidentally **fell off**.

Su Fei: Was he **injured**?

Li Li: No, but his phone **fell and broke** and will probably **lose** several thousand yuan.

Su Fei: What bad luck! Now is the **peak time** as most people finish work, the streets are **very crowded with people** (people mountain, people sea), everyone must be careful when they cycle.

Li Li: Well! To be honest, it was his fault. When we were riding bicycles, he saw a **sexy** girl standing on the road. He **couldn't help** looking at her. As a result, when we were **turning**, he didn't pay attention and suddenly fell off.

Su Fei: What a **fool** (confused egg)! Ignoring the road and focusing on the **beauty** while cycling, of course there would be accidents! This is indeed **asking for one's own hardship**!

Li Li: He was indeed "asking for his own hardship." However, his phone broke and was unable to buy tickets at the subway. I had to use my phone to buy it for him.

Su Fei: Indeed! Nowadays, no matter where you go or what you do, you have to use your phones. In the past when I went out, I was most afraid of forgetting to bring my **wallet**. Now I am most afraid of forgetting to bring my phone.

Li Li: I am not only afraid of forgetting to bring my phone, but also afraid for the phone battery to run out! This is the **challenge** of the **internet era**, everyone **relies on** mobile phones too much!

Su Fei: Indeed! However, there are many opportunities in the internet era too. I'm currently **considering** quitting my job and **cooperating** with my friends to set up an **online school**.

Li Li: Are you serious? It's too risky to **start a business**!

Su Fei: I know there is risk, but I am not afraid. Besides, I really **dislike** my current job. The company is like a **living hell**, not only with low **salary**, but demands constant **overtime-working**.

Li Li: Did you tell your parents and Jamie about this?

Su Fei: Well, I did. My parents are very opposed to it, saying that starting a business is very **harsh**, and I shouldn't ask "for my own hardship". However, Jamie **supports** me, he said I am **brave** and should **stick to** my **dreams**.

58 《孙子兵法》
The "Art of War"

苏飞：你在看什么书，怎么看得那么**入迷**？

杰明：是《孙子兵法》，你看过吗？

苏飞：看过，这本书是中国古代的**军事著作**，也是中国传统文化的**经典**。我爸爸、爷爷都喜欢看。你也对这本书**感兴趣**吗？

杰明：当然！这本书是**世界上**最早的军事著作，在西方也非常**出名**。书的**作者**孙子，是几千年前，中国**春秋时期**伟大的**军事家**和**政治家**。只是，我一直觉得他的名字很奇怪！

苏飞：哪里奇怪？

杰明：他的名字是"孙子"，而"孙子"这个词的中文意思是：儿子的儿子！

苏飞：哈哈！你只说对了一半。因为"孙子"并不是他的名字。他的名字是孙武，"子"是那个年代对**专家**的**敬称**。

杰明：哦，我明白了。就像中国古代**著名**的教育家孔子，"子"也不是名字，对吗？

苏飞：对！你真**聪明**！

杰明：过奖！这本书里有很高级的**商业思维**，非常**值得**学习。这几天，我的同事大伟在**疯狂**地看。

苏飞：大伟也知道这本书吗？

杰明：嗯，大伟的一个朋友在美国**哈佛大学**读**工商管理**，《孙子兵法》是**必修课**。那个朋友**推荐**大伟看，说这是所有想成功的人必须看的书。

苏飞：的确！这本书里的许多**智慧**，不仅对军事**实用**，对商业也很实用。所以，很多成功的**政治家**和**企业家**也喜欢看。对了，你读的是**英文版**的还是**中文版**的？

杰明：在英国的时候，我看过英文版的。现在中文能力提高了，在看中文版的。

苏飞：你看中文版，觉得难吗？

杰明：以前觉得难，但是现在没有那么难了。我喜欢学习里面的**成语**和句子，不仅可以**提高**我的中文，还会引起我对成功的**思考**。

苏飞：那你读过书里的这个成语吗："**知彼知己，百战百胜**"？

杰明：读过。意思就是：既要了解自己，又要了解敌人，这样才能在**战争**中**胜利**。

苏飞：是啊！商场如战场。就像现在，我要**成立**公司，不仅要了解自己的**实力**，也要调查、了解**竞争对手**的实力，分析**优势**和**劣势**。这样才有机会在市场竞争中成功。

Learning Tip

知彼知己，百战百胜 (zhī bǐ zhī jǐ, bǎi zhàn bǎi shèng) is a famous Chinese idiom that originated from the "Art of War." It means if you know yourself and your enemey, you will not fear the result of one hundrend battles.

Culture Corner

The Art of War is a top Chinese classic masterpiece that contains timeless wisdom and great Chinese philosophical and strategic thinking that has influenced both eastern and western thinkers. It's not only practical for military use but also in business and politics. Many famous Chinese idioms also come from this book. For intermediate and advanced Chinese learners, or anyone who wants to study Chinese culture profoundly, this book is a top recommendation for you!

I have even written a modern bilingual version of **The Art of War for Language Learners**, catering to higher intermediate and advanced students. If you enjoyed this story then you should definitely check it out!

Key Vocabulary

入迷 rù mí	v.	to be fascinated	军事 jūn shì	n.	military
著作 zhù zuò	n.	masterpiece	经典 jīng diǎn	n.	classic
作者 zuò zhě	n.	author	专家 zhuān jiā	n.	expert
军事家 jūn shì jiā	n.	military strategist	政治家 zhèng zhì jiā	n.	politician; statesman
著名 zhù míng	adj.	renowned	思维 sī wéi	n.	thinking
推荐 tuī jiàn	v.	to recommend	智慧 zhì huì	n.	wisdom
中文版 zhōng wén bǎn	n.	Chinese version / edition	英文版 yīng wén bǎn	n.	English version / edition
实用 shí yòng	adj.	practical	胜利 shèng lì	n. / v.	victory; to succeed
成立 chéng lì	v.	to establish	实力 shí lì	n.	strength
竞争 jìng zhēng	n.	competition	对手 duì shǒu	n.	counterpart
优势 yōu shì	n.	advantage	劣势 liè shì	n.	disadvantage
值得 zhí de	v.	to be worth	企业家 qǐ yè jiā	n.	entrepreneur
敬称 jìng chēng	n.	respectful form of address	必修课 bì xiū kè	n.	compulsory course
感兴趣 gǎn xìng qù	phr.	to be interested in	工商管理 gōng shāng guǎn lǐ	n.	business administration

English Version

Su Fei: What book are you reading, you look so **fascinated**!

Jamie: It's 'The Art of War,' have you read it?

Su Fei: Yes, I have. This book is an ancient Chinese **military masterpiece** and a **classic** of Chinese traditional culture. My dad and grandpa both like reading it. Are you also **interested in** it?

Jamie: Of course! It is also the earliest military work **in the world**, and very **famous** in the West. The **author** of the book, Sun Tzu (Sun Zi), was a great **military strategist** and **politician** during the Chinese **Spring and Autumn Period** thousands of years ago. However, I always think his name is very strange!

Su Fei: What is strange?

Jamie: His name is "Sun Zi", but the Chinese meaning of the word "Sun Zi" is: grandson (son's son)!

Su Fei: Haha! You are only half right because "Sun Zi" is not his name. His name is Sun Wu, and "zi" was a just **respectful title** for **experts** in that era.

Jamie: Oh, I see. Just like Confucius (Kong Zi), the **renowned** educator in ancient China, "zi" is not a name, right?

Su Fei: Yes! you're so **smart**!

Jamie: Thanks for the compliment! This book contains very advanced **business thinking**, very **worth** studying. Even my colleague Dawei is reading it **crazily** these days.

Su Fei: Does Dawei also know this book?

Jamie: Yes, a friend of Dawei is studying an **MBA** at **Harvard University** in the United States. The Art of War is a **compulsory course**. That friend **recommended** Dawei to read, saying it is a must-read book for anyone who wants to succeed.

Su Fei: Indeed! Much of the **wisdom** in this book is not only **practical** for military use, but also for business. Therefore, many successful **politicians** and **entrepreneurs** also enjoy reading it. By the way, are you reading the **English Version** or the **Chinese version**?

Jamie: When I was in the UK, I read the English Version. Now my Chinese ability has improved, I am reading the Chinese version.

Su Fei: Do you find it difficult to read the Chinese version?

Jamie: It was before, but now it is not that difficult anymore. I like to learn the Chinese **idioms** and sentences in it, which not only **improves** my Chinese, but also makes me **reflect on** success.

Su Fei: Have you read this idiom in the book: "**zhī bǐ zhī jǐ, bǎi zhàn bài shèng**?"

Jamie: Yes, I have. The meaning is: if you know yourself and know the enemy, you will **succeed** in any battle.

Su Fei: Yes! Nowadays the business world is like a battlefield. Just like now, for me, I want to **establish** a company, not only need to understand my own **strength**, but also to investigate and understand the strength of **competitors**, and analyze **advantages** and **disadvantages**. Only then can I have a chance to succeed in market competition.

59 开心果
kāi xīn guǒ

HAPPY FRUIT

杰明：亲爱的，**七夕节**快乐！
qīn ài de qī xī jié kuài lè

苏飞：七夕节快乐！谢谢你带我来这个湖，一边坐船，一
qī xī jié kuài lè xiè xie nǐ dài wǒ lái zhè gè hú yì biān zuò chuán yì
边吃**开心果**，太**享受**了！
biān chī kāi xīn guǒ tài xiǎng shòu le

杰明：你最近忙**创业**，一直没有好好休息，早就应该出
nǐ zuì jìn máng chuàng yè yì zhí méi yǒu hǎo hǎo xiū xi zǎo jiù yìng gāi chū
来**放松一下**。
lái fàng sōng yí xià

苏飞：其实，我很**幸运**，因为很多女生一年只能过一个
qí shí wǒ hěn xìng yùn yīn wèi hěn duō nǚ shēng yì nián zhǐ néng guò yí gè
情人节；而我，一年可以过两个：二月份的西方
qíng rén jié ér wǒ yì nián kě yǐ guò liǎng gè èr yuè fèn de xī fāng
情人节和今天的中国情人节。
qíng rén jié hé jīn tiān de zhōng guó qíng rén jié

杰明：你看，前面好像有两只**天鹅**在玩水，他们也在过
nǐ kàn qián miàn hǎo xiàng yǒu liǎng zhī tiān é zài wán shuǐ tā men yě zài guò
情人节吗？
qíng rén jié ma

苏飞：不对，他们是在**打架**！
bú duì tā men shì zài dǎ jià

杰明：不会吧？在最**浪漫**的情人节打架，看来它们是想
bú huì ba zài zuì làng màn de qíng rén jié dǎ jià kàn lái tā men shì xiǎng

分手。

苏飞：你真**幽默**！动物的世界里有**爱情**吗？

杰明：说不定也有！啊！它们现在已经**和好**了，**对面**还来了一群鸭子，在和它们**打招呼**。

苏飞：好美！我真喜欢这样的风景，又**平静**又**温暖**。

杰明：我也是。对了，为什么中国的情人节叫做"七夕节"？

苏飞：因为七夕节的日期是中国**农历**的七月七日，这个传统节日是来自古代"牛郎和织女"的爱情**传说**。天上的那两颗**牛郎星**和**织女星**，也是来自他们。

杰明：我听说牛郎是个放牛的**农民**，所以叫做牛郎，对吗？

苏飞：对！牛郎只是个普通的**凡人**，织女却是天上美丽的**仙人**。他们**相爱**后，就悄悄**结婚**了，还有了两个孩子。可是，织女的家人发现了这件事，就把他们**分开**了。

杰明：真奇怪，为什么织女的家人要分开他们？

苏飞：因为他们都是天上的仙人，觉得凡人**不配**和仙人在一起，所以只**允许**牛郎和织女一年见一次，就是每年的七月七日，这一天也就成为了中国的情人节。

杰明：真可怜！牛郎不能和自己喜欢的人在一起，真是个**倒霉蛋**。和他相比，我算是个**幸运蛋**！对了，这个盒子里有个**礼物**是送给你的，你现在就**打开**吧。

苏飞：啊！是一张**卡片**和一个**钻戒**。

杰明：你读一读，卡片上写的是什么？

苏飞：我觉得有点**紧张**，上面写着：亲爱的，我知道你最喜欢吃开心果。如果你愿意，我也要当你的开心果。虽然你不能吃我，但是我这个开心果一定会让你**永远**开心！

杰明：我是想问你：你愿意**嫁**给我吗？

苏飞：我愿意。

Culture Corner

开心果 (kāi xīn guǒ) literally means "happy fruit" and is the Chinese name for pistachio.

七夕节 (qī xī jié) (Qixi Festival) is the official name of what is often considered to be Chinese Valentine's Day, it also sometimes called "Double Seventh Festival." It is a traditional Chinese festival originating from ancient China and the legendary love story of "the cowherd and the weaver girl." In China, many people also like to propose or get married on this day.

Key Vocabulary

七夕节 qī xī jié	n.	Chinese Valentine's day	情人节 qíng rén jié	n.	Valentine's day
幸运 xìng yùn	adj.	lucky	享受 xiǎngshòu	adj.	enjoyable
天鹅 tiān é	n.	swan	打架 dǎ jià	v.	to fight
浪漫 làng màn	adj.	romantic	幽默 yōu mò	adj.	humorous
和好 hé hǎo	v.	to reconcile	对面 duì miàn	n.	opposite
打招呼 dǎ zhāo hu	phr.	to greet	平静 píng jìng	adj.	peaceful
传说 chuánshuō	n.	legend	凡人 fán rén	n.	mortal
仙人 xiān rén	n.	immortal	相爱 xiāng ài	v.	to fall in love
允许 yǔn xǔ	v.	to allow	钻戒 zuàn jiè	n.	diamond ring
倒霉蛋 dǎo méi dàn	n.	unlucky person	幸运蛋 xìng yùn dàn	n.	lucky person
紧张 jǐn zhāng	adj.	nervous	嫁 jià	v.	to marry *(woman to marry a man)*
永远 yǒng yuǎn	adv.	forever	娶 qǔ	v.	to marry *(man to marry a woman)*
牛郎 niú láng	n.	Cowherd	牛郎星 niú láng xīng	n.	Altair *(the Cowherd Star)*
织女 zhī nǚ	n.	Weaver Girl	织女星 zhī nǚ xīng	n.	Vega *(the Weaver Star)*
卡片 kǎ piàn	n.	greeting card	和…相比 hé … xiāng bǐ		compared with…

English Version

Jamie: Honey, Happy **Qixi Festival** (Chinese Valentine's Day)!

Su Fei: Happy Qixi Festival! Thank you for taking me to this lake! Riding the boat whilst eating **happy fruit** (pistachios). So **enjoyable**!

Jamie: Recently you have been busy **setting up** your **business** and haven't had a good rest. You should have come out to **relax a bit** long ago.

Su Fei: Actually, I am very **lucky**, because many girls can only have one **Valentine's Day** per year. But I can have two in a year: the Western Valentine's Day in February and the Chinese Valentine's Day today.

Jamie: Look, there seem to be two **swans** playing in the water in the front. Are they also celebrating Valentine's Day?

Su Fei: No, they are **fighting**!

Jamie: No way? On the most **romantic** Valentine's Day, they fight? It seems that they want to **break up**.

Su Fei: You are so **humorous**! Is there **romantic love** in the animal world?

Jamie: Maybe there is! Look! They have **reconciled** now, and **opposite** a group of ducks are coming **to greet** them.

Su Fei: So beautiful! I really like the scenery, very **calm** and **warm**.

Jamie: Me too. By the way, why is the Chinese Valentine's Day called "Qixi Festival?"

Su Fei: Because the date of Qixi Festival is on the seventh day of the seventh month in the Chinese **lunar calendar**, this traditional festival originated from the ancient love **legend** of "the cowherd and the weaver girl". **The Star of Altair** and **the Star of Vega** in the sky are also from them.

Jamie: I heard that the Cowherd was a **farmer** who herd cows, that's why he was called Cowherd, right?

Su Fei: Yes! The Cowherd was just an ordinary **mortal**, but the Weaver Girl was a beautiful **immortal** from heaven. After they **fell in love**, they **married** in secret and had two children. However, the Weaver girl's family found out about this and **separated** them.

Jamie: So strange, why did they separate them?

Su Fei: Because they were all immortals from heaven and they believed mortals were **not worthy** to be with immortals. So they only **allowed** the Cowherd and the Weaver Girl to meet once a year, which was the seventh day of the seventh month each year. Then this day became China's Valentine's Day.

Jamie: How poor they are! The Cowherd was such an **unlucky man** (unlucky egg) that couldn't be with the one he loved. Compared to him, I am a **lucky man** (lucky egg)! By the way, there is a gift in this box for you. You can open it now.

Su Fei: Ah! It is a **card** and a **diamond ring**.

Jamie: You can read it. What is written on the card?

Su Fei: I feel a little **nervous**. It reads: Honey, I know you like to eat happy fruit (pistachio) the most. If you are willing, I would like to be your happy fruit too. Although you can't eat me, I will definitely make you happy **forever**!

Jamie: What I want to ask is: would you **marry** me?

Su Fei: Yes!

有志者，事竟成
yǒu zhì zhě, shì jìng chéng

NOTHING IS IMPOSSIBLE TO A WILLING HEART

李丽： 听说你和飞飞**订婚**了，**恭喜**你们！
tīng shuō nǐ hé fēi fēi dìng hūn le, gōng xǐ nǐ men

杰明： 谢谢！最近大家都给我们**送祝福**，很开心有你们
xiè xie zuì jìn dà jiā dōu gěi wǒ men sòng zhù fú, hěn kāi xīn yǒu nǐ men
的**支持**！
de zhī chí

李丽： 那你们打算什么时候**结婚**？
nà nǐ men dǎ suàn shén me shí hòu jié hūn

杰明： 嗯，应该是明年夏天。我们打算先在中国举办
ng, yīng gāi shì míng nián xià tiān. wǒ men dǎ suàn xiān zài zhōng guó jǔ bàn
中式婚礼，然后再去英国举办**西式婚礼**，最后去
zhōng shì hūn lǐ, rán hòu zài qù yīng guó jǔ bàn xī shì hūn lǐ, zuì hòu qù
法国度**蜜月**。
fǎ guó dù mì yuè

李丽： 听上去太**浪漫**了，真**羡慕**你们！对了，飞飞还说
tīng shàng qù tài làng màn le, zhēn xiàn mù nǐ men! duì le, fēi fēi hái shuō
你最近也**升职**了，对吗？
nǐ zuì jìn yě shēng zhí le, duì ma

杰明： 是啊！我这个月运气好，不仅**求婚**成功，还升职！
shì a! wǒ zhè gè yuè yùn qì hǎo, bù jǐn qiú hūn chéng gōng, hái shēng zhí
大家都叫我请客**庆祝**。
dà jiā dōu jiào wǒ qǐng kè qìng zhù

李丽：这是"**双喜临门**",当然值得庆祝。

杰明："双喜临门"的意思是：两件开心的事**同时**发生,对吗?

李丽：对!现在你的中文**水平**更高了。以前你总是问我们这些**成语**的意思,现在不仅懂,还**解释**得那么好!

杰明：过奖过奖!我觉得中文成语很有趣,字少,但是意思**丰富**。

李丽：那我很**好奇**,你最喜欢的成语是什么?

杰明：是"**有志者,事竟成**"。意思是：只要不断**努力**、坚持**梦想**,就一定会成功。这些年,不管是学习还是工作,这个成语一直在**鼓励**我。

李丽：**真棒**!我还记得,第一次遇见你的时候,你的中文一般,也没有**合适**的工作。现在不仅你的中文提高了,而且还升职了!我真为你**骄傲**!

杰明：谢谢你!现在飞飞在**创业**,有很多**挑战**,我也是用这个成语鼓励她。

李丽：我也需要这个鼓励。因为,我最近又**恋爱**了,这次,我想**认真**地去试一试。

杰明：啊!太好了!恭喜你。这是什么时候的事?

李丽：是最近一个月才开始的,我和他是在**电影院**认识的。他是半个香港人,半个美国人,很**幽默**,爱**讲**

笑话。我们在一起的时候经常哈哈大笑。

杰明：你是因为他的幽默，才想试一试的吗？

李丽：不是。我更看重他的诚实，他告诉我他以前是个花花公子，女朋友也不正常，要么爱钱、要么爱整容。而现在，他决定改变，会用认真的态度去恋爱！

杰明：呃，你说的这个男生，听上去怎么那么像我的一个同事。他叫什么？

李丽：英文名叫David King，中文名叫王大伟！

杰明：啊！真的是他。

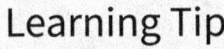

Learning Tip

有志者，事竟成 literally means "a man with commitment can succeed in all matters." It is a well known Chinese idiom, and is translated here as "nothing is impossible to a willing heart" and is also similar to the English saying "where there's a will, there's a way." This is an inspirational idiom that Chinese people often use for encouragement and self-motivation, in ancient and modern China alike. As Chinese language learners, this can be your encouragement as well!

Key Vocabulary

订婚 dìng hūn	v.	to engage	恭喜 gōng xǐ	phr.	congratulations
结婚 jié hūn	v.	to get married	祝福 zhù fú	n.	blessing
婚礼 hūn lǐ	n.	wedding ceremony	蜜月 mì yuè	n.	honeymoon
求婚 qiú hūn	v.	to propose (marriage)	双喜临门 shuāng xǐ lín mén	idiom	double happiness
浪漫 làng màn	adj.	romantic	升职 shēng zhí	v. / n.	to promote / promotion
同时 tóng shí	n.	at the same time	解释 jiě shì	v.	to explain
丰富 fēng fù	adj.	rich; abundant	梦想 mèng xiǎng	n.	dream (goals)
鼓励 gǔ lì	v.	to encourage	骄傲 jiāo ào	adj. / n.	proud / pride
挑战 tiǎo zhàn	n. / v.	challenge / to challenge	诚实 chéng shí	adj. / n.	honest / honesty
讲笑话 jiǎng xiào huà	phr.	to tell jokes	决定 jué dìng	v.	to decide
花花公子 huā huā gōng zǐ	idiom	playboy	态度 tài du	n.	attitude
水平 shuǐ píng	n.	level; standard	哈哈大笑 hā hā dà xiào	phr.	to laugh crazily
看重 kàn zhòng	v.	to value; to attach importance to	不仅… bù jǐn 还… hái		not only… but also…
整容 zhěng róng	v.	to have cosmetic surgery	不管… bù guǎn 还是… hái shì		no matter whether… or…

English Version

Li Li: I heard you and Feifei are **engaged, congratulations**!

Jamie: Thank you! Recently everyone is **sending** us **blessings**. I am so happy to have your **support**!

Li Li: So when do you plan to **get married**?

Jamie: Well, it should be next summer. We plan to host a **Chinese wedding** in China, then a **Western wedding** in the UK, and later a **honeymoon** in France.

Li Li: This sounds so **romantic**, I really **envy** you! By the way, Feifei also mentioned you have been **promoted** recently, right?

Jamie: Yes! I have good luck this month, not only did my **proposal** succeed, but also got a promotion! Everyone asked me to have a party **to celebrate**.

Li Li: This is called "**double happiness**" (two happiness arrives at door), of course it is worth celebrating.

Jamie: "Double happiness" means two happy things happen **at the same time**, right?

Li Li: Yes! Now your Chinese **level** is higher. You used to ask us the meaning of these **idioms**. Now you not only understand it, but also **explain** it very well!

Jamie: Thanks for the compliment! I love Chinese idioms, they are very interesting, contain only a few words, but with **rich** meanings.

Li Li: Then I am **curious**, what is your favorite Chinese idiom?

Jamie: It's **"yǒu zhì zhě , shì jìng chéng" (nothing is impossible to a willing heart)**. It means as long as you keep **working hard** and stick to your **dreams**, you will definitely succeed. Over the years, whether it is studying or working, this idiom has always **encouraged** me.

Li Li: **Awesome**! I still remember the first time I met you, your Chinese was average and you didn't have a **suitable** job. Now not only your Chinese has improved, and you are also promoted in your job! I am so **proud** of you!

Jamie: Thank you! Now Feifei is **starting** her **business**, there are many **challenges**, I use this idiom to encourage her too.

Li Li: I also need this encouragement. Because recently I am **in a relationship** again, this time, I want to try it **seriously**.

Jamie: Ah! Great! Congratulations. When did it happen?

Li Li: It started last month. I met him in the **cinema**. He is half Cantonese, half American, very **humorous** and loves to **tell jokes**. We often **laughed crazily** when we were together.

Jamie: So you are trying this relationship because of his humor?

Li Li: No. I value his **honesty** even more. He told me he used to be a **playboy** (flower gentleman) and his girlfriends were not normal, either were just money-lovers or keen with **plastic surgery**. But now, he **decided** to change, and would love to take a serious **attitude**!

Jamie: Uh, the guy you are talking about **sounds like** a colleague of mine. What is his name?

Li Li: His English name is David King, and his Chinese name is Wang Dawei!

Jamie: Ah! It really is him!

Access Audio

I highly encourage you to use the accompanying audio recordings for all of the conversations in this book, not only will it help to improve your listening skills but if you are unfamiliar or unsure about the pronunciations of any words in this book, then you can listen to them spoken by native speakers.

Instructions To Access Audio

1. Scan the QR code on this page

    or

    Go to:
    www.linglingmandarin.com/books

2. Locate this book in the list

3. Click the "Access Audio" button

4. Enter the password (case-sensitive):

    BE8Rz7

5. Select your preferred option to listen to the audio

Chinese Conversations Series

LingLing's Chinese Conversations Series is a graded journey from beginner to advanced, designed for learners who want to develop strong speaking skills through engaging, story-based dialogues.

Dive into realistic authentic Mandarin conversations that help you build fluency while exploring modern China.

Across the series, you'll explore everyday situations, from basic interactions to deeper themes such as relationships, careers, business, social media, and technology. Through these dialogues, you'll gain greater fluency and deeper cultural insight, helping you communicate with confidence and sound more natural in Chinese.

For the best results and a smooth learning experience, we recommend collecting all volumes in the series. Consistent learning leads to remarkable progress.

MORE BOOKS BY LINGLNG

Chinese Stories for language learners Elementary Vol. 1

Chinese Stories for language learners Elementary Vol. 2

Chinese Stories for language learners Intermediate Vol. 1

Chinese Stories for language learners Intermediate Vol. 2

Chinese Stories for language learners Advanced

The Art of War for language learners

Learn Chinese Vocabulary for Intermediate: NEW HSK 4

Learn Chinese Vocabulary for Intermediate: NEW HSK 5

Learn Chinese Vocabulary for Intermediate: NEW HSK 6

Get notified about **new releases**
https://linglingmandarin.com/notify

About the Author

LingLing is a native Chinese Mandarin educator with an MA in Communication and Language. Originally from China, now living in the UK, she is the founder of the learning brand LingLing Mandarin, which aims to create the best resources for learners to master the Chinese language and achieve deep insight into Chinese culture in a fun and illuminating way. *Discover more about LingLing and access more great resources by following the links below or scanning the QR codes.*

WEBSITE
linglingmandarin.com

YOUTUBE CHANNEL
youtube.com/c/linglingmandarin

PATREON
patreon.com/linglingmandarin

INSTAGRAM
instagram.com/linglingmandarin

www.ingramcontent.com/pod-product-compliance
Lightning Source LLC
Chambersburg PA
CBHW081614100526
44590CB00021B/3432